DUDAS E INCORRECCIONES HABITUALES

Paula Arenas Martín-Abril

Copyright © EDIMAT LIBROS, S. A.
C/ Primavera, 35
Polígono Industrial El Malvar
28500 Arganda del Rey
MADRID-ESPAÑA

Colección: Manuales de la lengua española
Título: Dudas e incorrecciones habituales
Autora: Paula Arenas Martín-Abril

ISBN: 84-9764-513-8
Depósito legal: M-16781-2005

Diseño de cubierta: El Ojo del Huracán
Impreso en: COFÁS

IMPRESO EN ESPAÑA - *PRINTED IN SPAIN*

ÍNDICE

Introducción

Esta obra se ha escrito con la finalidad de facilitar al lector el sin duda siempre difícil trabajo de hablar y escribir mejor, solucionando las dudas más habituales.

Las incorrecciones más frecuentes han sido el punto de partida a la hora de elaborar el diccionario con el que se abre este libro. Partiendo pues de ellas se han plasmado las palabras que más dudas o errores generan, pudiendo el lector consultarlas en la primera parte de esta obra. Nombres, adjetivos, pronombres, verbos y expresiones que no siempre son fáciles de emplear y de emplear bien se han recogido en la primera parte de este manual.

En la segunda parte verá el lector algunas locuciones y expresiones latinas que o bien provocan problemas en cuanto a su escritura se refiere o bien generan dudas en cuanto a su significado se refiere. Ésa es la razón por la que se han incluido.

La tercera parte está compuesta por palabras cuyo masculino y femenino no siempre está muy claro. Se acompaña cada una de las palabras de un ejemplo, haciendo así más sencillo su estudio. Los ejemplos siempre permiten una mayor comprensión.

Los numerales son otro de los 'puntos' complicados de nuestra lengua, pues muchas veces incurrimos en errores casi sin darnos cuenta. Por este motivo se ha incluido una lista con los ordinales y cardinales, explicando su formación y acompañándolos de ejemplos que puedan ilustrar con facilidad su uso.

Tras los numerales se encontrará el lector con una quinta parte titulada: INCORRECCIONES FRECUENTES. En ella se analizan cuestiones gramaticales y ortográficas que dan o pueden dar lugar a dudas e incorrecciones. Pues de solventar el mayor número de dudas se trata, y ésa es la meta hacia la que camina esta obra. Fácil, breve y amena para que todos puedan hacer buen uso de ella.

Capítulo I

Diccionario de palabras dudosas

A

abajo: Adverbio que significa 'hacia lugar o parte inferior'.
Diferencia entre *abajo* y *debajo*:
Abajo: 'Hacia lugar inferior'.
Debajo: 'En lugar inferior'.

Vete abajo. (hacia una parte inferior)
Mi casa está debajo de la tuya. (en lugar inferior)
Se ha ido abajo.
El libro de Pedro está debajo de esa carpeta.
Nos vamos abajo.
La tienda de Susana está debajo de mi casa.

abanicar: No debe decirse ni escribirse **abaniquear*.

a base de: Es incorrecto usar la expresión *a base de* en lugar de *mucho*.
Incorrecto *Juanito como *a base de bien.*
Correcto: *Juanito come mucho.*
Incorrecto: *Pepe liga *a base de bien.*
Correcto: *Pepe liga mucho.*

abastecer: Verbo irregular.

INDICATIVO	
Presente	*Pretérito perfecto compuesto*
abastezco	he abastecido
abasteces	has abastecido
abastece	ha abastecido
abastecemos	hemos abastecido
abastecéis	habéis abastecido
abastecen	han abastecido

Pretérito imperfecto
abastecía
abastecías
abastecía
abastecíamos
abastecíais
abastecían

Pretérito pluscuamperfecto
había abastecido
habías abastecido
había abastecido
habíamos abastecido
habíais abastecido
habían abastecido

Pretérito perfecto simple/indefinido
abastecí
abasteciste
abasteció
abastecimos
abastecisteis
abastecieron

Pretérito anterior
hube abastecido
hubiste abastecido
hubo abastecido
hubimos abastecido
hubisteis abastecido
hubieron abastecido

Futuro simple
abasteceré
abastecerás
abastecerá
abasteceremos
abasteceréis
abastecerán

Futuro compuesto
habré abastecido
habrás abastecido
habrá abastecido
habremos abastecido
habréis abastecido
habrán abastecido

Condicional simple
abastecería
abastecerías
abastecería
abasteceríamos
abasteceríais
abastecerían

Condicional compuesto
habría abastecido
habrías abastecido
habría abastecido
habríamos abastecido
habríais abastecido
habrían abastecido

SUBJUNTIVO

Presente
abastezca
abastezcas
abastezca
abastezcamos
abastezcáis
abastezcan

Pretérito perfecto
haya abastecido
hayas abastecido
haya abastecido
hayamos abastecido
hayáis abastecido
hayan abastecido

Pretérito imperfecto
abasteciera/ abasteciese
abastecieras/ abastecieses
abasteciera/ abasteciese
abasteciéramos/ abasteciésemos
abastecierais/ abastecieseis
abastecieran/ abasteciesen

Pretérito pluscuamperfecto
hubiera/ hubiese abastecido
hubieras/ hubieses abastecido
hubiera/ hubiese abastecido
hubiéramos/ hubiésemos abastecido
hubierais/ hubieseis abastecido
hubieran/ hubiesen abastecido

Futuro simple
abasteciere
abastecieres
abasteciere
abasteciéremos
abasteciereis
abastecieren

Futuro compuesto
hubiere abastecido
hubieres abastecido
hubiere abastecido
hubiéremos abastecido
hubiereis abastecido
hubieren abastecido

IMPERATIVO
abastece
abastezca
abasteced
abastezcan

FORMAS NO PERSONALES
Infinitivo: abastecer
Participio: abastecido
Gerundio: abasteciendo
Infinitivo compuesto: haber abastecido
Gerundio compuesto: habiendo abastecido

abasto: Esta palabra ha de escribirse siempre en una sola palabra: *abasto*. No puede escribirse en dos palabras. Es incorrecto: **a basto*.
Incorrecto: *No doy más *a basto.*
Correcto: *No doy más abasto.*

abnegar: Verbo irregular.

INDICATIVO

Presente
abniego
abniegas
abniega

Pretérito perfecto compuesto
he abnegado
has abnegado
ha abnegado

abnegamos
abnegáis
abniegan

hemos abnegado
habéis abnegado
han abnegado

Pretérito imperfecto
abnegaba
abnegabas
abnegaba
abnegábamos
abnegabais
abnegaban

Pretérito pluscuamperfecto
había abnegado
habías abnegado
había abnegado
habíamos abnegado
habíais abnegado
habían abnegado

Pretérito perfecto simple
abnegué
abnegaste
abnegó
abnegamos
abnegasteis
abnegaron

Pretérito anterior
hube abnegado
hubiste abnegado
hubo abnegado
hubimos abnegado
hubisteis abnegado
hubieron abnegado

Futuro simple
abnegaré
abnegarás
abnegaré
abnegaremos
abnegaréis
abnegarán

Futuro compuesto
habré abnegado
habrás abnegado
habrá abnegado
habremos abnegado
habréis abnegado
habrán abnegado

Condicional
abnegaría
abnegarías
abnegaría
abnegaríamos
abnegaríais
abnegarían

Condicional compuesto
habría abnegado
habrías abnegado
habría abnegado
habríamos abnegado
habríais abnegado
habrían abnegado

SUBJUNTIVO
Presente
abniegue
abniegues

Pretérito perfecto
haya abnegado
hayas abnegado

abniegue	haya abnegado
abneguemos	hayamos abnegado
abneguéis	hayáis abnegado
abnieguen	hayan abnegado
Pretérito imperfecto	*Pretérito plusciamperfecto*
abnegara/ abnegase	hubiera/ hubiese abnegado
abnegaras/ abnegases	hubieras/ hubieses abnegado
abnegara/ abnegase	hubiera/ hubiese abnegado
abnegáramos/ abnegásemos	hubiéramos/ hubiésemos abnegado
abnegarais/ abnegaseis	hubierais/ hubieseis abnegado
abnegaran/ abnegasen	hubieran/ hubiesen abnegado
Futuro simple	*Futuro compuesto*
abnegare	hubiere abnegado
abnegares	hubieres abnegado
abnegare	hubiere abnegado
abnegáremos	hubiéremos abnegado
abnegaréis	hubiereis abnegado
abnegaren	hubieren abnegado

IMPERATIVO
abniega
abniegue
abnegad
abnieguen

FORMAS NO PERSONALES

Infinitivo: abnegar	Infinitivo compuesto: haber abnegado
Participio: abnegado	Gerundio compuesto: habiendo abnegado
Gerundio: abnegando	

abolir: Es un verbo defectivo, lo que significa que en algunas personas no se conjuga. Se muestra a continuación cómo debe conjugarse este verbo, y en qué personas no es posible hacerlo.

INDICATIVO

Presente	*Pretérito perfecto compuesto*
-	he abolido
-	has abolido

-	ha abolido
abolimos	hemos abolido
abolís	habéis abolido
-	han abolido
Pretérito imperfecto	*Pretérito pluscuamperfecto*
abolía	había abolido
abolías	habías abolido
abolía	había abolido
abolíamos	habíamos abolido
abolíais	habíais abolido
abolían	habían abolido
Pret. perf. simple/indef.	*Pretérito anterior*
abolí	hube abolido
aboliste	hubiste abolido
abolió	hubo abolido
abolimos	hubimos abolido
abolisteis	hubisteis abolido
abolieron	hubieron abolido
Futuro simple	*Futuro compuesto*
aboliré	habré abolido
abolirás	habrás abolido
abolirá	habrá abolido
aboliremos	habremos abolido
aboliréis	habréis abolido
abolirán	habrán abolido
Condicional simple	*Condicional compuesto*
aboliría	habría abolido
abolirías	habrías abolido
aboliría	habría abolido
aboliríamos	habríamos abolido
aboliríais	habríais abolido
abolirían	habrían abolido
SUBJUNTIVO	
Presente	*Pretérito perfecto*
-	haya abolido
-	hayas abolido

-	haya abolido
-	hayamos abolido
-	hayáis abolido
-	hayan abolido

Pretérito imperfecto	*Pretérito pluscuamperfecto*
aboliera/ aboliese	hubiera/ hubiese abolido
abolieras/ abolieses	hubieras/ hubieses abolido
aboliera/ aboliese	hubiera/ hubiese abolido
aboliéramos/ aboliésemos	hubiéramos/ hubiésemos abolido
abolierais/ abolieseis	hubierais/ hubieseis abolido
abolieran/ aboliesen	hubieran/ hubiesen abolido

Futuro simple	*Futuro compuesto*
aboliere	hubiere abolido
abolieres	hubieres abolido
aboliere	hubiere abolido
aboliéremos	hubiéremos abolido
aboliereis	hubiereis abolido
abolieren	hubieren abolido

IMPERATIVO

-
-
abolid
-

FORMAS NO PERSONALES

Infinitivo: abolir	Infinitivo compuesto: haber abolido
Gerundio: aboliendo	Gerundio compuesto: habiendo abolido
Participio: abolido	

abominable: No debe decirse ni escribirse **abobinable*. La palabra correcta es *abominable*.

aborrecer: Verbo irregular. Se conjuga como 'abastecer'.

a bote pronto: Es incorrecta la expresión **a voz de pronto por a bote pronto.*

abravecer: Verbo irregular, se conjuga como 'abastecer'.

abrir: Es verbo regular, pero su participio es irregular: 'abierto'.

absolver: Verbo irregular, se conjuga como 'mover'. Participio irregular: 'absuelto'.

abstener: Verbo irregular, se conjuga como'tener'.

abstraer: Verbo irregular, se conjuga como 'traer'.

abuelo/a: Es del todo incorrecto decir o escribir **agüelo/a.*

acaecer: Es un verbo irregular que sólo se conjuga en la tercera persona del singular y la tercera persona del plural.

INDICATIVO

Presente	*Pretérito perfecto compuesto*
acaece	ha acaecido
acaecen	han acaecido
Pretérito imperfecto	*Pretérito pluscuamperfecto*
acaecía	había acaecido
acaecían	habían acaecido
Pret. Perf. Simple/Indef.	*Pretérito anterior*
acaeció	hubo acaecido
acaecieron	hubieron acaecido
Futuro simple	*Futuro compuesto*
acaecerá	habrá acaecido
acaecerán	habrán acaecido
Condicional simple	*Condicional compuesto*
acaecería	habría acaecido
acaecerían	habrían acaecido

SUBJUNTIVO

Presente	*Pretérito perfecto*
acaezca	haya acaecido
acaezcan	hayan acaecido

Pretérito imperfecto
acaeciera/ acaeciese
acaecieran/ acaeciesen

Pretérito pluscuamperfecto
hubiera/ hubiese acaecido
hubieran/ hubiesen acaecido

Futuro simple
acaeciere
acaecieren

Futuro compuesto
hubiere acaecido
hubieren acaecido

FORMAS NO PERSONALES
Infinitivo: acaecer
Gerundio: acaeciendo
Participio: acaecido

Infinitivo compuesto: haber acaecido
Gerundio compuesto: habiendo acaecido

accésit: El plural de esta palabra es *accésit (el/ los accésit).* No debe pronunciarse **áccesit.* La tilde recae sobre la *e: accésit.*

acérrimo: No debe usarse **aférrimo* por *acérrimo*, pues tal palabra, **aférrimo*, no es correcta ni la contempla la RAE.
Lo correcto es *acérrimo.*

acertar: Verbo irregular, se conjuga como 'calentar'.

acontecer: Verbo irregular, se conjuga como 'compadecer', pero sólo se conjugan la tercera persona del singular y la tercera del plural.

acordar: Verbo irregular.

INDICATIVO

Presente
acuerdo
acuerdas
acuerda
acordamos
acordáis
acuerdan

Pretérito perfecto compuesto
he acordado
has acordado
ha acordado
hemos acordado
habéis acordado
han acordado

Pretérito imperfecto	*Pretérito pluscuamperfecto*
acordaba	había acordado
acordabas	habías acordado
acordaba	había acordado
acordábamos	habíamos acordado
acordabais	habíais acordado
acordaban	habían acordado

Pretérito perfecto simple	*Pretérito anterior*
acordé	hube acordado
acordaste	hubiste acordado
acordó	hubo acordado
acordamos	hubimos acordado
acordáis	hubisteis acordado
acuerdan	hubieron acordado

Futuro simple	*Futuro compuesto*
acordaré	habré acordado
acordarás	habrás acordado
acordará	habrá acordado
acordaremos	habremos acordado
acordaréis	habréis acordado
acordarán	habrán acordado

Condicional simple	*Condicional compuesto*
acordaría	habría acordado
acordarías	habrías acordado
acordaría	habría acordado
acordaríamos	habríamos acordad
acordaríais	habríais acordado
acordarían	habrían acordado

SUBJUNTIVO

Presente	*Pretérito perfecto*
acuerde	haya acordado
acuerdes	hayas acordado
acuerde	haya acordado
acordemos	hayamos acordado
acordéis	hayáis acordado
acuerden	hayan acordado

Pretérito imperfecto
acordara/ acordase
acordaras/ acordases
acordara/ acordase
acordáramos/ acordásemos
acordarais/ acordaseis
acordaran/ acordasen

Pretérito pluscuamperfecto
hubiera/ hubiese acordado
hubieras/ hubieses acordado
hubiera/ hubiese acordado
hubiéramos/ hubiésemos acordado
hubierais/ hubieseis acordado
hubieran/ hubiesen acordado

Futuro simple
acordare
acordares
acordare
acordáremos
acordareis
acordaren

Futuro compuesto
hubiere acordado
hubieres acordado
hubiere acordado
hubiéremos acordado
hubiereis acordado
hubieren acordado

IMPERATIVO
acuerda
acuerde
acordad
acuerden

FORMAS NO PERSONALES
Infinitivo: acordar
Gerundio: acordando
Participio: acordado

Infinitivo compuesto: haber acordado
Gerundio compuesto: habiendo acordado

acostar: Verbo irregular, se conjuga como 'acordar'.

acrecentar: Verbo irregular, se conjuga como'calentar'.

acreedor: Esta palabra siempre debe escribirse así: *acreedor*. Es incorrecta la grafía: **acredor*.

adelante: Adverbio de lugar que no debe confundirse con *delante*.
Adelante se emplea cuando en la oración se expresa movimiento.
Di un paso adelante.

Delante se usa cuando se expresa estado.
Estoy delante de ti.

El uso de *alante* en lugar de *adelante* debe evitarse.

adentro: Adverbio que se usa en oraciones donde se expresa movimiento. Cuando se expresa situación, ha de emplearse el adverbio *dentro.*
ADENTRO: *Iremos adentro en unos minutos.*
DENTRO: *El regalo está dentro de la caja.*
ADENTRO: *Vete tú adentro, ahora voy yo.*
DENTRO: *Lo encontré dentro de ese cajón.*

adherir: Verbo irregular.

INDICATIVO

Presente	*Pretérito perfecto compuesto*
adhiero	he adherido
adhieres	has adherido
adhiere	ha adherido
adherimos	hemos adherido
adherís	habéis adherido
adhieren	han adherido

Pretérito imperfecto	*Pretérito pluscuamperfecto*
adhería	había adherido
adherías	habías adherido
adhería	había adherido
adheríamos	habíamos adherido
adheríais	habíais adherido
adherían	habían adherido

Pretérito perfecto simple	*Pretérito anterior*
adherí	hube adherido
adheriste	hubiste adherido
adhirió	hubo adherido
adherimos	hubimos adherido
adheristeis	hubisteis adherido
adhirieron	hubieron adherido

Futuro simple	*Futuro compuesto*
adheriré	habré adherido
adherirás	habrás adherido
adherirá	habrá adherido
adheriremos	habremos adherido
adheriréis	habréis adherido
adherirán	habrán adherido

Condicional simple	*Condicional compuesto*
adheriría	habría adherido
adherirías	habrías adherido
adheriría	habría adherido
adheriríamos	habríamos adherido
adheriríais	habríais adherido
adherirían	habrían adherido

SUBJUNTIVO

Presente	*Pretérito perfecto*
adhiera	haya adherido
adhieras	hayas adherido
adhiera	haya adherido
adhiramos	hayamos adherido
adhiráis	hayáis adherido
adhieran	hayan adherido

Pretérito imperfecto	*Pretérito pluscuamperfecto*
adhiriera/ adhiriese	hubiera/ hubiese adherido
adhirieras/ adhirieses	hubieras/ hubieses adherido
adhiriera/ adhiriese	hubiera/ hubiese adherido
adhiriéramos/ adhiriésemos	hubiéramos/hubiésemos adherido
adhirierais/ adhirieseis	hubierais/ hubieseis adherido
adhirieran/ adhiriesen	hubieran/ hubiesen adherido

Futuro simple	*Futuro compuesto*
adhiriere	hubiere adherido
adhirieres	hubieres adherido
adhiriere	hubiere adherido
adhiriéremos	hubiéremos adherido
adhiriereis	hubiereis adherido
adhirieren	hubieren adherido

IMPERATIVO

adhiere	adhiera
adherid	adhieran

FORMAS NO PERSONALES

Infinitivo: adherir	Infinitivo compuesto: haber adherido
Gerundio: adhiriendo	Gerundio compuesto: habiendo adherido
Participio: adherido	

adicción: No debe confundirse *adicción* con *adición*.
Adicción: 'Hábito de quien se deja dominar por el uso de alguna o algunas drogas tóxicas, o por la afición desmedida a ciertos juegos'.
Adición: 'Suma'.
ADICCIÓN:
Le han ingresado en un hospital para que le ayuden a superar su adicción a la heroína.
ADICIÓN:
Es una adición, no una resta.

adjuntar: Esta palabra está formada por ad + *juntar* y *ad* ha de pronunciarse como tal y no **az(juntar)*. Lo correcto: *adjuntar.*

adlátere: Significa 'persona subordinada a otra, de la que parece inseparable'.
Es con este significado y no con otro con el que debe usarse *adlátere.*

adolecer: 'Caer enfermo a padecer alguna enfermedad. Tener o padecer algún defecto.'
No debe por tanto confundirse con 'carecer', pues el significado de 'adolecer' es 'padecer'.
Juan adolece de agorafobia.
Es además un verbo irregular, que se conjuga como 'abastecer'.

adonde: Este adverbio suele originar algunas dificultades a la hora de diferenciarlo de *a donde.*

Diferencia entre *adonde* y *a donde*:

ADONDE: Adverbio relativo.
Como relativo que es ha de referirse siempre a un antecedente, es decir a un sustantivo anterior.
Vengo de la tienda adonde tú me mandaste.
El lugar adonde voy no te gustaría.
El restaurante adonde vamos está cerca de tu trabajo.
En los tres ejemplos *adonde* se refiere a un antecedente:
1. En el primer ejemplo el antecedente es tienda.
2. En el segundo ejemplo el antecedente es lugar.
3. En el tercer ejemplo el antecedente es restaurante.

A DONDE: Preposición (*a*) + adverbio relativo (*donde*).
Se usa cuando no aparece el lugar al que se refiere.
A donde vas nadie sabe nada de nadie.
A donde voy o de donde vengo no creo que sea de tu incumbencia.
Iré a donde nadie me conozca.
Al contrario que con el adverbio *adonde* que requería la presencia de un antecedente, *a donde* requiere que no lo tenga. Es decir que no haya ningún sustantivo en la oración al que se refiera. En los ejemplos, *a donde* no se refiere a otro sustantivo.

adónde: Este adverbio es interrogativo, por lo que siempre que vaya entre interrogaciones o exclamaciones, o tenga sentido interrogativo o exclamativo aunque no vaya entre interrogaciones o exclamaciones, deberá llevar tilde en la o.
Este adverbio va siempre con verbos que expresan movimiento, nunca estado.
¿Adónde vas?
La siguiente oración es incorrecta porque se usa adónde y el verbo no expresa movimiento, sino estado.
**¿Adónde estás?*
Lo correcto sería:
¿Dónde estás?
¿Adónde vamos con tanta prisa?
¿Adónde estamos yendo?

En los dos ejemplos el verbo *adonde* va con un verbo de movimiento: *ir*.

adondequiera que/ a donde quiera que:
Diferencia entre *adondequiera que* y *a donde quiera que*:

ADONDEQUIERA QUE: Adverbio.
Significado: 'a cualquier parte'.
Viajaré adondequiera que pueda encontrarte.
(Viajaré a cualquier parte que pueda encontrarte).
Iré contigo adondequiera que vayas; no lo dudes nunca.
(Iré contigo a cualquier parte que vayas, no lo dudes nunca).

A DONDE QUIERA QUE: A donde + verbo *quiera.*
De acuerdo, iré a donde quiera Juan ir.
Hemos decidido ir a donde quiera él.
Siempre irás a donde él quiera, porque tú no te atreves a expresar tu opinión.

adormecer: Verbo irregular, se conjuga como 'abastecer'.

adquirir: Verbo irregular.

INDICATIVO

Presente	*Pretérito perfecto compuesto*
adquiero	he adquirido
adquieres	has adquirido
adquiere	ha adquirido
adquirimos	hemos adquirido
adquirís	habéis adquirido
adquieren	han adquirido

Pretérito imperfecto	*Pretérito pluscuamperfecto*
adquiría	había adquirido
adquirías	habías adquirido
adquiría	había adquirido
adquiríamos	habíamos adquirido
adquiríais	habíais adquirido
adquirían	habían adquirido

Pretérito perfecto simple
adquirí
adquiriste
adquirió
adquirimos
adquiristeis
adquirieron

Pretérito anterior
hube adquirido
hubiste adquirido
hubo adquirido
hubimos adquirido
hubisteis adquirido
hubieron adquirido

Futuro simple
adquiriré
adquirirás
adquirirá
adquiriremos
adquiriréis
adquirirán

Futuro compuesto
habré adquirido
habrás adquirido
habrá adquirido
habremos adquirido
habréis adquirido
habrán adquirido

Condicional simple
adquiriría
adquirirías
adquiriría
adquiriríamos
adquiriríais
adquirirían

Condicional compuesto
habría adquirido
habrías adquirido
habría adquirido
habríamos adquirido
habríais adquirido
habrían adquirido

SUBJUNTIVO

Presente
adquiera
adquieras
adquiera
adquiramos
adquiráis
adquieran

Pretérito perfecto
haya adquirido
hayas adquirido
haya adquirido
hayamos adquirido
hayáis adquirido
hayan adquirido

Pretérito imperfecto
adquiriera/ adquiriese
adquirieras/ adquirieses
adquiriera/ adquiriese
adquiriéramos/ adquirieseis
adquirierais/ adquirieseis
adquirieran/ adquiriesen

Pretérito pluscuamperfecto
hubiera/ hubiese adquirido
hubieras/ hubieses adquirido
hubiera/ hubiese adquirido
hubiéramos/ hubiésemos adquirido
hubierais/ hubieseis adquirido
hubieran/ hubiesen adquirido

Futuro simple	*Futuro compuesto*
adquiriere	hubiere adquirido
adquirieres	hubieres adquirido
adquiriere	hubiere adquirido
adquiriéremos	hubiéremos adquirido
adquiriereis	hubiereis adquirido
adquirieren	hubieren adquirido

IMPERATIVO
adquiere
adquiera
adquirid
adquieran

FORMAS NO PERSONALES

Infinitivo: adquirir	Infinitivo compuesto: haber adquirido
Gerundio: adquiriendo	Gerundio compuesto: habiendo adquirido
Participio: adquirido	

adrede: Esta palabra se escribe siempre en una sola palabra, así que *a drede* escrito separado es un error.
¿Lo has hecho adrede?
No he roto la mesa adrede.
Sé muy bien que has llegado tarde adrede.
¿Crees que lo he partido adrede?

adscribir: Debe pronunciarse siempre la *d: adscribir*. Ha de evitarse la forma incorrecta: **ascribir*.

adsorber: Este verbo se confunde frecuentemente con el verbo *absorber*. Para evitar dicha confusión ha de saberse que *adsorber* significa: 'Atraer y retener en la superficie de un cuerpo moléculas o iones de otro cuerpo'; mientras que *absorber* significa: 'Ejercer atracción sobre un fluido'.

advenir: Verbo irregular, se conjuga como 'venir'.

advertir: Verbo irregular, se conjuga como 'adherir'.

aeróbic/ aerobic: El problema en esta palabra estriba en su acentuación, pues algunos la pronuncian *aeróbic* mientras que otros la pronuncian *aerobic*. Pues bien, ambas denominaciones son correctas, aunque la más usual es la primera: *aeróbic*.

aeropuerto: No debe pronunciarse ni escribirse nunca **areopuerto*. Siempre es *aeropuerto*.

affaire: Es una palabra extranjera, concretamente francesa, que significa: 'Negocio, asunto o caso ilícito o escandaloso'. Se pronuncia: */afér/*.

afluir: Verbo irregular.

INDICATIVO

Presente	*Pretérito perfecto compuesto*
afluyo	he afluido
afluyes	has afluido
afluye	ha afluido
afluimos	hemos afluido
afluís	habéis afluido
afluyen	han afluido

Pretérito imperfecto	*Pretérito pluscuamperfecto*
afluía	había afluido
afluías	habías afluido
afluía	había afluido
afluíamos	habíamos afluido
afluíais	habíais afluido
afluían	habían afluido

Pret. Perf. Simple/Indef.	*Pretérito anterior*
afluí	hube afluido
afluiste	hubiste afluido
afluyó	hubo afluido
afluimos	hubimos afluido
afluisteis	hubisteis afluido
afluyeron	hubieron afluido

SUBJUNTIVO

Presente	*Pretérito perfecto*
afluya	haya afluido
afluyas	hayas afluido
afluya	haya afluido
afluyamos	hayamos afluido
afluyáis	hayáis afluido
afluyan	hayan afluido

Pretérito imperecto	*Pretérito pluscuamperfecto*
afluyera/ afluyese	hubiera/ hubiese afluido
afluyeras/ afluyeses	hubieras/ hubieses afluido
afluyera/ afluyese	hubiera/ hubiese afluido
afluyéramos/ afluyésemos	hubiéramos/ hubiésemos afluido
afluyerais/ afluyeseis	hubierais/ hubieseis afluido
afluyeran/ afluyesen	hubieran/ hubiesen afluido

Futuro simple	*Futuro compuesto*
afluyere	hubiere afluido
afluyeres	hubieres afluido
afluyere	hubiere afluido
afluyéremos	hubiéremos afluido
afluyereis	hubiereis afluido
afluyeren	hubieren afluido

IMPERATIVO
afluye
afluya
afluid
afluyan

FORMAS NO PERSONALES

Infinitivo: afluir	Infinitivo compuesto: haber afluido
Gerundio: afluyendo	Gerundio compuesto: habiendo afluido
Participio: afluido	

afrodisíaco/ afrodisiaco: Son válidas ambas formas.

afuera: Adverbio de lugar que ha de ir siempre con verbos que expresen movimiento.

Voy afuera.
Id afuera.
Salgamos afuera.
Ha de usarse *afuera* con el siguiente significado: 'fuera del sitio en el que se está'.
La diferencia con el adverbio también de lugar *fuera* reside en que éste se usa cuando se quiere decir 'en la parte exterior de algo'.
Deja tus cosas fuera de casa.
Lo haré fuera de tu despacho.
Fuera de este recinto hay animales peligrosos.

agradecer: Verbo irregular, se conjuga como 'abastecer'.

aguardiente: Ha de escribirse junto y su género es masculino.
Me beberé un aguardiente más.
Ponle dos aguardientes.
No debe escribirse **aguaardiente.*

ahí: Adverbio de lugar que no debe en ningún caso pronunciarse como *hay*. El acento está en la *í* y debe obligatoriamente pronunciarse *ahí*.
Veamos la diferencia entre *ahí* y *hay*.
-*Ahí*: adverbio de lugar.
Pon las cosas ahí.
Deja los libros ahí.
Ahí es donde tienes que quedarte.
-*Hay*: verbo *haber*.
¿Hay patatas en casa?
¿Hay libros en el despacho?
¿Hay sal?

alante: Se ha explicado en *adelante* que el uso de *alante* debe evitarse siempre.

álbum: El plural de *álbum* es *álbumes*. Es incorrecto **álbunes.*

alcalde: El femenino de *alcalde* es *alcaldesa*, por lo que debe evitarse **la alcalde*. Lo correcto es: *la alcaldesa*.

alcohol: Aunque en la pronunciación de esta palabra la sílaba *ho* tienda a perderse, en su escritura debe figurar: *alcohol.*
Es extensible a todas las palabras derivadas de *alcohol: alcohólico, alcoholímetro, alcoholismo.*

alentar: Verbo irregular, se conjuga como 'calentar'.

alfil: No debe decirse ni escribirse **álfil*. Lo correcto es *alfil.*

alguien: No debe usarse la siguiente construcción:
**¿Alguien de vosotros ha robado la chaqueta del jefe?*
Lo correcto:
¿Alguno de vosotros ha robado la chaqueta del jefe?

alhaja: Debe escribirse siempre la *h* intercalada: *alhaja.*
Es incorrecta la grafía **alaja.*

alhelí/ alelí: Puede escribirse de ambas maneras.
El plural es:
alhelí_ alhelíes
alelí_ alelíes

alias: No ha de escribirse en mayúscula.
Juanito López, alias Líper.

alinear: No debe escribirse ni pronunciarse **aliniar*, pues lo correcto es *alinear.*

almirez: No debe escribirse ni pronunciarse **almírez.*

alrededor: Adverbio que debe escribirse en una sola palabra, aunque pueda encontrarse en algún escrito, sobre todo si es antiguo, escrito en dos palabras: *al rededor.* Es más correcto en la actualidad escribirlo siempre y en todos los casos como una sola palabra: *alrededor.*
Todos estaban a su alrededor.

Esa casa costará alrededor de 20 millones de pesetas.
Estuvimos por los alrededores del pueblo.
¿Cuánta gente hay a tu alrededor?
Siempre hay hombres a su alrededor; los atrae.

alvéolo/ alveolo: Ambas palabras son correctas.

alto relieve/ altorrelieve: Ambas formas son válidas.

amanecer: Verbo irregular, se conjuga como'abastecer'. Es un verbo impersonal, por lo que no tiene sujeto, mas en sentido metafórico puede aparecer un sujeto.
Amanecimos a las seis de la tarde.
¿A qué hora habéis amanecido?

a matacaballo/ a mata caballo: Se puede escribir de las dos formas.
No hubo más remedio que hacerlo a mata caballo/ matacaballo.
Se hizo a mata caballo/ matacaballo, porque no había tiempo.

ambiente: Es incorrecto pronunciar y escribir **anbiente*, pues delante de *b* siempre va *m*.

ambos: Debe evitarse la construcción **ambos dos*, ya que *ambos* significa 'los dos'. Es innecesaria pues tal redundancia.
CORRECTO: *Fueron ambos.*
INCORRECTO: *Fueron ambos dos.*
CORRECTO: *¿Quieres ambas cosas?*
INCORRECTO: *¿Quieres ambas dos cosas?*

amén de: Esta locución se usa en oraciones del siguiente tipo:
Amén de tu belleza, existen otras bellezas también destacables.
Amén de nosotros, otros hablarán también hoy aquí.

El significado de *amén de* es 'aparte de' y 'además de'.
Veamos la equivalencia:
Aparte de tu belleza, existen otras bellezas también destacables.
Además de nosotros, otros hablarán también hoy aquí.

amoníaco/ amoniaco: Ambas palabras son válidas.

amortecer: Verbo irregular, se conjuga como 'abastecer'.

andar: Verbo irregular.

INDICATIVO

Presente	*Pretérito perfecto compuesto*
ando	he andado
andas	has andado
anda	ha andado
andamos	hemos andado
andáis	habéis andado
andan	han andado

Pretérito imperfecto	*Pretérito pluscuamperfecto*
andaba	había andado
andabas	habías andado
andaba	había andado
andábamos	habíamos andado
andabais	habíais andado
andaban	habían andado

Pret. Perf. Simple/Indef.	*Pretérito anterior*
anduve	hube andado
anduviste	hubiste andado
anduvo	hubo andado
anduvimos	hubimos andado
anduvisteis	hubisteis andado
anduvieron	hubieron andado

Futuro simple	*Futuro compuesto*
andaré	hubiere andado
andarás	hubieres andado
andará	hubiere andado
andaremos	hubiéremos andado
andaréis	hubiereis andado
andarán	hubieren andado

Condicional simple	*Condicional compuesto*
andaría	habría andado
andarías	habrías andado
andaría	habría andado
andaríamos	habríamos andado
andaríais	habríais andado
andarían	habrían andado

SUBJUNTIVO

Presente	*Pretérito perfecto*
ande	haya andado
andes	hayas andado
ande	haya andado
andemos	hayamos andado
andéis	hayáis andado
anden	hayan andado

Pretérito imperfecto	*Pretérito pluscuamperfecto*
anduviera/ anduviese	hubiera/ hubiese andado
anduvieras/ anduvieses	hubieras/ hubieses andado
anduviera/ anduviese	hubiera/ hubiese andado
anduviéramos/ anduviésemos	hubiéramos/ hubiésemos andado
anduvierais/ anduvieseis	hubierais/ hubieseis andado
anduvieran/ anduviesen	hubieran/ hubiesen andado

Futuro simple	*Futuro compuesto*
anduviere	hubiere andado
anduvieres	hubieres andado
anduviere	hubiere andado
anduviéremos	hubiéremos andado
anduviereis	hubiereis andado
anduvieren	hubieren andado

IMPERATIVO
anda
ande
andad
anden

FORMAS NO PERSONALES

Infinitivo: andar	Infinitivo compuesto: haber andado
Gerundio: andando	Gerundio compuesto: habiendo andado
Participio: andado	

Es incorrecto: **andé*, **andaste*, **andamos*, **andasteis*, **andaron*.

anochecer: Verbo irregular, se conjuga como 'abastecer'.

anorak: La grafía correcta es *anorak* y su plural: *anoraks*.

anteanoche: Se escribe en una sola palabra, nunca en dos. Si se escribe separado lo más correcto será: *antes de anoche*.

anteayer: Se escribe en una sola palabra, nunca en dos. Si se escribe separado lo más correcto será: *antes de ayer*.

antediluviano: Es muy habitual el uso de **antidiluviano* por *antediluviano*. No obstante, lo correcto es *antediluviano*, ya que el prefijo es *ante- (anterioridad)* y no *anti- (contra)*.

anteponer: Verbo irregular, se conjuga como 'poner'.

antes de ayer: No debe escribirse como una sola palabra, aunque así sea como se pronuncie.

antes de anoche: No debe escribirse como una sola palabra, aunque así sea como se pronuncie.

antiguo: El superlativo de antiguo es *antiquísimo* aunque en alguna ocasión podamos escuchar **antigüísimo*.

apacentar: Verbo irregular, se conjuga como 'calentar'.

aparecer: Verbo irregular, se conjuga como'abastecer'.

aparte: Puede ser adverbio, adjetivo y preposición.
– Adverbio: 'En otro lugar'.
Pon tus libros aparte.
Pon tus libros en otro lugar.
– Adjetivo: 'Diferente, distinto, singular'.
Mi primo Joaquín ha sido un músico aparte en la historia del jazz.
– Preposición: 'Con omisión de'.
Aparte de esto...

apenas: Este adverbio debe escribirse en una sola palabra.

apetecer: Verbo irregular, se conjuga como 'abastecer'.

aposta: No debe escribirse en dos palabras. Es incorrecta la grafía **a posta*.
Lo has hecho aposta, me he dado cuenta.
¿Crees que he roto el jarrón aposta?

apostar: Verbo irregular, se conjuga como 'acordar'.

apóstrofe: Es habitual confundir apóstrofe con apóstrofo. No significan lo mismo.
Apóstrofe: 'Dicterio'.
Apóstrofo: signo ortográfico (`).

apóstrofo: Signo ortográfico (`).

apretar: Verbo irregular, se conjuga como 'calentar'.
Ha de evitarse: **apreto*, **apretas*, **apreta*, **apretan*.

apropósito: Hay que diferenciar *apropósito* y *a propósito*.

Apropósito: 'Pieza teatral.'
Representaron un apropósito y, la verdad, no nos pareció muy mal.
El apropósito que vimos ayer fue entretenido.
A propósito: Locución adverbial que significa: 'intencionadamente'.
¿Crees que he roto tu bolso a propósito?
Lo has hecho a propósito.

aptitud: No debe confundirse esta palabra con *actitud.*
Aptitud: 'Capacidad para operar competentemente en una determinada actividad'.
Actitud: 'Disposición, postura'.
Con esa actitud tan negativa no lograrás nada.
Tiene aptitudes suficientes para conseguir lo que se proponga.

aprehender: Ver *aprender.*

aprender: Hay que diferenciar este verbo de *aprehender.*
APRENDER: 'Instruirse'.
Tengo que aprender inglés pronto si quiero conseguir ese trabajo tan bueno.
Aprender es algo maravilloso, algo que no deberíamos dejar de hacer nunca.
Me gusta aprender.
APREHENDER: 'Coger, asir, prender a alguien o bien algo, especialmente si es de contrabando'.
Fueron aprehendidos dos kilos de cocaína.
Los contrabandistas de armas han sido aprehendidos en la frontera.
Serán aprehendidos antes o después, porque son criminales peligrosos.

aquél/ aquel: Pronombre o determinante demostrativo.
Si es pronombre, llevará tilde cuando pueda confundirse con el determinante. En caso de duda deberá ponerse la tilde, es más, puede ponerse siempre que sea pronombre.
Aquél que llegue primero recibirá un premio.

Mi primo es aquél.
Aquél es Juan.
Si es determinante nunca llevará tilde.
Aquel perro es muy feo.
Aquel niño es mi hijo.
Aquel árbol es muy alto.
La misma regla sigue el pronombre/ determinante demostrativo femenino *aquella.*

aquello: Este pronombre demostrativo de género neutro nunca lleva tilde, porque nunca puede ser confundido con un determinante de igual forma, pues no lo hay.

a raja tabla/ a rajatabla: Puede escribirse de las dos maneras.

aria: No debe confundirse con *área. Aria* es una composición musical.

argüir: Verbo irregular.

INDICATIVO

Presente	*Pretérito perfecto compuesto*
arguyo	he argüido
arguyes	has argüido
arguye	ha argüido
argüimos	hemos argüido
argüís	habéis argüido
arguyen	han argüido

Pretérito imperfecto	*Pretérito pluscuamperfecto*
argüía	había argüido
argüías	habías argüido
argüía	había argüido
argüíamos	habíamos argüido
argüíais	habíais argüido
argüían	habían argüido

Pret. perf. simple/indf.	*Pretérito anterior*
argüí	hube argüido
argüiste	hubiste argüido
arguyó	hubo argüido
argüimos	hubimos argüido
argüisteis	hubisteis argüido
arguyeron	hubieron argüido

Futuro simple	*Futuro compuesto*
argüiré	habré argüido
argüirás	habrá argüido
argüirá	habrá argüido
argüiremos	habremos argüido
argüiréis	habréis argüido
argüirán	habrán argüido

Condicional simple	*Condicional compuesto*
argüiría	habría argüido
argüirías	habrías argüido
argüiría	habría argüido
argüiríamos	habríamos argüido
argüiríais	habríais argüido
argüirían	habrían argüido

SUBJUNTIVO

Presente	*Pretérito perfecto*
arguya	haya argüido
arguyas	hayas argüido
arguya	haya argüido
arguyamos	hayamos argüido
arguyáis	hayáis argüido
arguyan	hayan argüido

Pretérito imperfecto	*Pretérito pluscuamperfecto*
arguyera/ arguyese	hubiera/ hubiese argüido
arguyeras/ arguyeses	hubieras/ hubieses argüido
arguyera/ arguyese	hubiera/ hubiese argüido
arguyéramos/ arguyésemos	hubiéramos/ hubiésemos argüido
arguyerais/ arguyeseis	hubierais/ hubieseis argüido
arguyeran/ arguyesen	hubieran/ hubiesen argüido

Futuro simple	*Futuro compuesto*
arguyere	hubiere argüido
arguyeres	hubieres argüido
arguyere	hubiere argüido
arguyéremos	hubiéremos argüido
arguyereis	hubiereis argüido
arguyeren	hubieren argüido

FORMAS NO PERSONALES

Infinitivo: argüir — Infinitivo compuesto: haber argüido
Gerundio: arguyendo — Gerundio compuesto: habiendo argüido
Participio: argüido

aridecer: Verbo irregular, se conjuga como'abastecer'.

arma: El género de esta palabra es femenino.
Si está en singular y va acompañada de un artículo éste ha de ser masculino:
el arma/ un arma.
Si está en singular y va acompañada de un determinante demostrativo éste irá en femenino:
esta arma/ esa arma/ aquella arma.
Si esta en plural y va acompañada de un determinante éste siempre irá en femenino:
las armas/ unas armas
estas armas/ esas armas/ aquellas armas.
Si está en singular y va acompañada de un adjetivo, éste habrá de estar en femenino siempre:
un arma muy peligrosa.
Si el adjetivo precede a *arma* entonces el determinante irá en femenino:
una peligrosa arma.
Si está en plural y va acompañada de un adjetivo, siempre será femenino:
las armas peligrosas.
las peligrosas armas.
unas armas peligrosas.
unas peligrosas armas.
esas armas peligrosas.
esas peligrosas armas.

armonía: Esta palabra se escribe casi siempre sin *h*, es decir: *armonía*, mas es posible escribirla con *h*: *harmonía*.

arrascar: No debe usarse en ningún caso **arrascar*. Lo correcto es: *rascar*.

arrebañar: No debe usarse **arrebañar* por *rebañar*. Lo correcto es: *rebañar*.

arrendar: Verbo irregular, se conjuga como 'calentar'.

arrepentirse: Verbo irregular, se conjuga como 'adherir'.

arroyo/ arrollo: No deben confundirse estas dos palabras pues no significan lo mismo.
Diferencias:
ARROLLO: Verbo *arrollar*.
Aparta de ahí que te arrollo.
Como no despejes la zona los arrollo a todos con el coche.
ARROYO: 'Riachuelo'.
Antes el agua bajaba por ese arroyo.
¿Hay un arroyo por aquí cerca?

asa: El género de esta palabra es femenino.
Si está en singular y va acompañada de un determinante artículo éste irá en masculino:
un asa/ el asa.
Si está en singular y va acompañada de un determinante demostrativo éste irá en femenino:
esa asa/ esta asa/ aquella asa.
En plural el determinante que la acompaña siempre está en femenino:
unas asas/ las asas
esas asas/ estas asas/ aquellas asas.
Si está en singular y va acompañada de un adjetivo éste ha de ir en femenino:
un asa rota.

Si el adjetivo precede a la palabra asa entonces el determinante irá en femenino:
una pequeña asa.
Si está en plural el adjetivo también ha de ir en femenino:
las pequeñas asas.
esas asa pequeñas.
unas asas pequeñas.

ascender: Verbo irregular, se conjuga como 'tender'.

asechanza: 'Engaño o artificio para hacer daño a alguien'. No debe confundirse con *acechanza*: 'Acecho, espionaje, persecución cautelosa'.

asentar: Verbo irregular, se conjuga como'calentar'.

asentir: Verbo irregular, se conjuga como 'adherir'.

asimismo/ así mismo/ a sí mismo: Diferencias entre *asimismo, así mismo, a sí mismo*:
ASIMISMO: Significado: 'También, además'.
Comió la carne y dejó el pescado. Asimismo nosotros comimos la carne y dejamos el pescado.
Te daré la factura y tú tendrás asimismo que enviarme a mí el recibo.
ASÍ MISMO: Es similar a *asimismo*, no obstante la RAE prefiere esta forma: *así mismo*.
Comió la carne y dejó el pescado. Así mismo nosotros comimos la carne y dejamos el pescado.
Te daré la factura y tú tendrás así mismo que enviarme a mí el recibo.
A SÍ MISMO: Preposición (*a*) + pronombre (*sí*) + adjetivo (*mismo*).
Se mira a sí mismo como si fuera el centro del mundo.
Ojalá se juzgara a sí mismo con la misma severidad con que juzga a los demás.
Es incapaz de verse a sí mismo como realmente es.

así mismo: Ver *asimismo.*

a sí mismo: Ver *asimismo.*

asfixiar: No se pronuncia /aksfisiar/, sino que se pronuncia /asfiksiar/. Tampoco debe escribirse **axfisiar*, pues la correcta grafía de este verbo es *asfixiar.*

asir: Verbo irregular.

INDICATIVO

Presente	*Pretérito perfecto compuesto*
asgo	he asido
ases	has asido
ase	ha asido
asimos	hemos asido
asís	habéis asido
asen	han asido

Pretérito imperfecto	*Pretérito pluscuamperfecto*
asía	había asido
asías	habías asido
asía	había asido
asíamos	habíamos asido
asíais	habíais asido
asían	habían asido

Pret. Perf. simple/Indef.	*Pretérito anterior*
así	hube asido
asiste	hubiste asido
asió	hubo asido
asimos	hubimos asido
asisteis	hubisteis asido
asieron	hubieron asido

Futuro simple	*Futuro compuesto*
asiré	habré asido
asirás	habrás asido
asirá	habrá asido

asiremos	habremos asido
asiréis	habréis asido
asirán	habrán asido

Condicional simple	*Condicional compuesto*
asiría	habría asido
asirías	habrías asido
asiría	habría asido
asiríamos	habríamos asido
asiríais	habríais asido
asirían	habrían asido

SUBJUNTIVO

Presente	*Pretérito perfecto*
asga	haya asido
asgas	hayas asido
asga	haya asido
asgamos	hayamos asido
asgáis	hayáis asido
asgan	hayan asido

Pretérito imperfecto	*Pretérito pluscuamperfecto*
asiera/ asiese	hubiera/ hubiese asido
asieras/ asieses	hubieras/ hubieses asido
asiera/ asiese	hubiera/ hubiese asido
asiéramos/ asiésemos	hubiéramos/ hubiésemos asido
asierais/ asieseis	hubierais/ hubieseis asido
asieran/ asiesen	hubieran/ hubiesen asido

Futuro simple	*Futuro compuesto*
asiere	hubiere asido
asieres	hubieres asido
asiere	hubiere asido
asiéremos	hubiéremos asido
asiereis	hubiereis asido
asieren	hubieren asido

IMPERATIVO

ase
asga
asid
asgan

FORMAS NO PERSONALES

Infinitivo: asir	Infinitivo compuesto: haber asido
Gerundio: asiendo	Participio compuesto: habiendo asido
Participio: asido	

atañer: Verbo irregular. Sólo se conjuga en tercera persona del singular y tercera persona del plural.

INDICATIVO

Presente	*Pretérito perfecto compuesto*
-	-
-	-
atañe	ha atañido
-	-
-	-
atañen	han atañido

Pretérito imperfecto	*Pretérito pluscuamperfecto*
-	-
-	-
atañía	había atañido
-	-
-	-
atañían	habían atañido

Pret. Perf. simple/Indef.	*Pretérito anterior*
-	-
-	-
atañó	hubo atañido
-	-
-	-
atañeron	hubieron atañido

Futuro simple	*Futuro compuesto*
-	-
-	-
atañerá	habrá atañido
-	-
-	-

ataňerán	habrán atañido
Condicional simple	*Condicional compuesto*
-	-
-	-
atañería	habría atañido
-	-
-	-
atañerían	habrían atañido

SUBJUNTIVO

Presente	*Pretérito perfecto*
-	-
-	-
ataña	haya atañido
-	-
-	-
atañan	hayan atañido
Pretérito imperfecto	*Pretérito pluscuamperfecto*
-	-
-	-
atañera/ atañese	hubiera/ hubiese atañido
-	-
-	-
atañeran/ atañesen	hubieran/ hubiesen atañido
Futuro simple	*Futuro compuesto*
-	-
-	-
atañere	hubiere atañido
-	-
-	-
atañeren	hubieren atañido

IMPERATIVO
ataña
atañan

FORMAS NO PERSONALES

Infinitivo: atañer	Infinitivo compuesto: haber atañido
Gerundio: atañendo	Gerundio compuesto: habiendo atañido
Participio: atañido	

atardecer: Verbo irregular, se conjuga como'compadecer'. Impersonal.

atender: Verbo irregular, se conjuga como 'tender'. Participio regular: atendido. Participio irregular: atento. El regular se usa en las formas compuestas: *he atendido, has atendido, hemos atendido...* El participio regular se emplea como adjetivo: *El niño estuvo muy atento a la película.*

atener: Verbo irregular, se conjuga como 'tener'.

aterir: Este verbo sigue la conjugación regular, pero es defectivo.

INDICATIVO

Presente	*Pretérito perfecto compuesto*
-	he aterido
-	has aterido
-	ha aterido
aterimos	hemos aterido
aterís	habéis aterido
-	han aterido

Pretérito imperfecto	*Pretérito pluscuamperfecto*
atería	había aterido
aterías	habías aterido
atería	había aterido
ateríamos	habíamos aterido
ateríais	habíais aterido
aterían	habían aterido

Pret. Perf. simple/indef.	*Pretérito anterior*
aterí	hube aterido
ateriste	hubiste aterido

aterió	hubo aterido
aterimos	hubimos aterido
ateristeis	hubisteis aterido
aterieron	hubieron aterido
Futuro simple	*Futuro compuesto*
ateriré	habré aterido
aterirás	habrás aterido
aterirá	habrá aterido
ateriremos	habremos aterido
ateriréis	habréis aterido
aterirán	habrán aterido
Condicional simple	*Condicional compuesto*
ateriría	habría aterido
aterirías	habrías aterido
ateriría	habría aterido
ateriríamos	habríamos aterido
ateriríais	habríais aterido
aterirían	habrían aterido

SUBJUNTIVO

Presente	*Pretérito perfecto*
-	haya aterido
-	hayas aterido
-	haya aterido
-	hayamos aterido
-	hayáis aterido
-	hayan aterido
Pretérito imperfecto	*Pretérito pluscuamperfecto*
ateriera/ ateriese	hubiera/ hubiese aterido
aterieras/ aterieses	hubieras/ hubieses aterido
ateriera/ ateriese	hubiera/ hubiese aterido
ateriéramos/ ateriésemos	hubiéramos/ hubiésemos aterido
aterierais/ aterieseis	hubierais/ hubieseis aterido
aterieran/ ateriesen	hubieran/ hubiesen aterido
Futuro simple	*Futuro compuesto*
ateriere	hubiere aterido
aterieres	hubieres aterido

ateriere	hubiere aterido
ateriéremos	hubiéremos aterido
ateriereis	hubiereis aterido
aterieren	hubieren aterido

IMPERATIVO

-
-
aterid
-

FORMAS NO PERSONALES

Infinitivo: aterir	Infinitivo compuesto: haber aterido
Gerundio: ateriendo	Gerundio compuesto: habiendo aterido
Participio: aterido	

atraer: Verbo irregular, se conjuga como 'traer'.

atrás: Adverbio que no debe confundirse con *detrás*. *Atrás* implica algún tipo de movimiento, mientras que *detrás* expresa situación.
MOVIMIENTO:
En lugar de avanzar, has de ir hacia atrás.
Ponte un poco más atrás.
ESTADO:
Prefiero estar detrás de ti.
Me he sentado detrás de Juan, ¿me ves?

atravesar: Verbo irregular, se conjuga como 'calentar'.

atribuir: Verbo irregular, se conjuga como 'afluir'.

atronar: Verbo irregular, se conjuga como 'acordar'.

aula: Esta palabra tiene género femenino.
Si está en singular y va acompañada por un artículo, éste irá en masculino:
un aula/ el aula.
Si está en singular y va acompañada de un determinante demostrativo éste ha de ir en femenino:
esa aula/ esta aula/ aquella aula.

En plural siempre va acompañada de determinantes femeninos:
unas aulas/ las aulas
esas aulas/ estas aulas/ aquellas aulas.
Si está en singular y va acompañada de un adjetivo éste siempre irá en femenino:
un aula muy pequeña.
Si está en singular y va acompañada de un adjetivo que precede a aula el determinante irá en femenino:
una muy pequeña aula.
En plural el adjetivo será femenino también:
unas aulas muy pequeñas.

aun/ aún: Dependiendo de si se escribe con tilde o sin ella tendrá un significado u otro.
Aún: se escribe con tilde cuando equivale a 'todavía'.
¿No te has vestido aún?
¿No te has vestido todavía?
Aún no ha llegado.
Todavía no ha llegado.
Aun: se escribe sin tilde cuando equivale a 'incluso'.
Aun viniendo tú, sé que mi madre no me dejará ir con vosotros a la fiesta.
Incluso viniendo tú, sé que mi madre no me dejará ir con vosotros a la fiesta.
Aun así, todo salió bien.
Incluso así, todo salió bien.

austriaco/ austríaco: Puede escribirse y pronunciarse de ambas maneras.

autoinducir: Verbo irregular, se conjuga como 'conducir'.

avemaría: 'Oración'.
Se escribe en una sola palabra o en dos. El plural siempre se escribe en una sola palabra: *avemarías.*

avenir: Verbo irregular se conjuga como 'venir'.

avergonzar: Verbo irregular, se conjuga como 'acordar'.

avestruz: Es un nombre masculino, por lo que ha de llevar artículo masculino en singular y en plural.
El avestruz que ves ahora no es viejo.
Los avestruces son aves.

aya: El género de esta palabra es femenino.
Si está en singular y va acompañada de un artículo, éste irá en masculino:
el aya/ un aya.
Si está en singular y va acompañada de un demostrativo, éste irá en femenino:
esta aya/ esa aya/ aquella aya.
Si está en singular y va acompañada de un adjetivo, éste siempre irá en femenino:
un aya buena.
Si el adjetivo precede al nombre, el determinante irá en femenino:
una buena aya.
En plural el adjetivo irá también en femenino:
Las buenas ayas.
Unas ayas buenas.
Aquellas ayas buenas.
Estas buenas ayas.

B

babi: Se escribe con i no con y. Se refiere esta palabra a la bata que llevan los niños pequeños al colegio.
INCORRECTO: *baby*
CORRECTO: *babi*

baca: Hay que diferenciar *baca* de *vaca.*
Baca: 'Soporte que se pone sobre el coche'.
Pon la bici en la baca del coche.
Vaca: 'Animal'.
Esa vaca está ya muy vieja, ¡pobre animal!

bacalao: No debe decirse **bacalado.*

bajo el punto de vista: Debe evitarse esta expresión y sustituirla por la correcta. Así pues la sustitución se hará por la siguiente expresión:
desde mi/ tu/ su punto de vista.
desde nuestro/ vuestro/ su punto de vista.
Desde mi punto de vista esa reunión será inútil.
Desde nuestro punto de vista esta solución es la única posible.

bajorrelieve: Debe escribirse esta palabra con dos erres y no con una como a veces se escribe.
Puede además escribirse de dos maneras: *bajorrelieve / bajo relieve.*

balaustre: Puede escribirse y pronunciarse de dos formas:
balaustre
balaústre

balbucir: No debe confundirse este verbo con el verbo *balbucear.*
Balbucir es un verbo defectivo que no se conjuga en la primera persona del singular del presente de indicativo ni en el presente de subjuntivo.
Balbucear se conjuga en todas las personas.

balde: Existen dos construcciones:

de balde
en balde
Hice todo ese trabajo en balde.
Hice todo ese trabajo 'para nada'/ inútilmente...
Hemos comido de balde.
Hemos comido gratis.

balompié: Es sinónimo de fútbol. La palabra no es **balonpié*, como a veces se dice y se escribe, sino *balompié*.
INCORRECTO: *balonpié*
CORRECTO: *balompié*

balonvolea: Es sinónimo de voleibol.

bambú: Tiene dos plurales:
bambúes
bambús
Siguiendo a José Martínez de Sousa (*Diccionario de usos y dudas del español actual*) hay que aclarar que *bambúes* es forma culta mientras que *bambús* es forma popular.

barón: No debe confundirse con *varón*. Ver *varón*.

basto: Hay que diferenciar basto de vasto, pues son palabras diferentes susceptibles de ser confundidas por su pronunciación.
BASTO: 'Ordinario, soez'.
Eres el hombre más basto que he conocido, no dices más que tacos y palabras soeces.
Siempre fue muy basto, a las mujeres nos llamaba 'hembras' así que, ¡imagínate!
Ser basto no es algo gracioso, así que deja de comportarte de esa manera tan soez.
VASTO: 'Extenso'.
No vi una sola flor en todo aquel prado tan vasto.
En tan vasto campo podrías cultivar lo que quisieras.
Fue un vasto imperio.

bendecido: Es el participio regular del verbo *bendecir*, que tiene además otro participio irregular: *bendito*. *Bendecido* se usa en los tiempos compuestos: *he bendecido, habías bendecido, hubimos bendecido, habrá bendecido... etc.*
Bendito se usa como adjetivo.
Es agua bendita.
Mi hijo es un bendito.

bendecir: Verbo irregular.

INDICATIVO

Presente	*Pretérito perfecto compuesto*
bendigo	he bendecido
bendices	has bendecido
bendice	ha bendecido
bendecimos	hemos bendecido
bendecís	habéis bendecido
bendicen	han bendecido
Pretérito imperfecto	*Pretérito pluscuamperfecto*
bendecía	había bendecido
bendecías	habías bendecido
bendecía	había bendecido
bendecíamos	habíamos bendecido
bendecíais	habíais bendecido
bendecían	habían bendecido
Pret. Perf. simple/indef.	*Pretérito anterior*
bendije	hube bendecido
bendijiste	hubiste bendecido
bendijo	hubo bendecido
bendijimos	hubimos bendecido
bendijisteis	hubisteis bendecido
bendijeron	hubieron bendecido
Futuro simple	*Futuro compuesto*
bendeciré	habré bendecido
bendecirás	habrás bendecido
bendecirá	habrá bendecido

bendeciremos	habremos bendecido
bendeciréis	habréis bendecido
bendecirán	habrán bendecido

Condiconal simple	*Condicional compuesto*
bendeciría	habría bendecido
bendecirías	habrías bendecido
bendeciría	habría bendecido
bendeciríamos	habríamos bendecido
bendeciríais	habríais bendecido
bendecirían	habrían bendecido

SUBJUNTIVO

Presente	*Pretérito perfecto*
bendiga	haya bendecido
bendigas	hayas bendecido
bendiga	haya bendecido
bendigamos	hayamos bendecido
bendigáis	hayáis bendecido
bendigan	hayan bendecido

Pretérito imperfecto	*Pretérito pluscuamperfecto*
bendijera/ bendijese	hubiera/ hubiese bendecido
bendijeras/ bendijeses	hubieras/ hubieses bendecido
bendijera/ bendijese	hubiera/ hubiese bendecido
bendijéramos/ bendijésemos	hubiéramos/ hubiésemos bendecido
bendijerais/ bendijeseis	hubierais/ hubieseis bendecido
bendijeran/ bendijesen	hubieran/ hubiesen bendecido

Futuro simple	*Futuro compuesto*
bendijere	hubiere bendecido
bendijeres	hubieres bendecido
bendijere	hubiere bendecido
bendijéremos	hubiéremos bendecido
bendijereis	hubiereis bendecido
bendijeren	hubieren bendecido

IMPERATIVO

bendice
bendiga

bendecid
bendigan

FORMAS NO PERSONALES
Infinitivo: bendecir   Infinitivo compuesto: haber bendecido
Gerundio: bendiciendo   Gerundio compuesto: habiendo bendecido
Participio: bendecido/ bendito

beréber o bereber: Ambas denominaciones son correctas. Su plural es distinto dependiendo del singular:
beréber_ beréberes
bereber_ bereberes

best seller: Esta es la grafía aceptada por la RAE para la palabra inglesa *best-seller.*

bidé: Palabra francesa: *bidet*, que en español ha sido admitida como *bidé* y cuyo plural es *bidés*.

bimensual: Esta palabra quiere decir que algo se repite dos veces en el mismo mes. No debe por tanto confundirse con bimestral, pues bimestral quiere decir que algo se produce cada dos meses (y no dos veces al mes).

biquini: Es preferible usar esta grafía: *biquini*, en lugar de la otra grafía: *bikini.*

bisturí: El plural de esta palabra es: *bisturíes*, aunque lo habitual sea: *bisturís*.

bloc: No debe escribirse *block*, lo correcto es: *bloc*.

bobina: Hay que diferenciar *bobina* de *bovina*.
BOBINA: 'Carrete de hilo'.
¿Puedes salir a comprar más hilo?, es que se me ha terminado la bobina de hilo negro.
Tengo tres bobinas de hilo rojo y ninguna de hilo amarillo.

¿Dónde está la bobina de hilo que te presté la semana pasada?
BOVINA: 'Referente al toro o a la vaca'.
La chaqueta que le he comprado al niño hoy es de piel bovina.
Este pantalón es sintético pero parece de piel bovina.
Perdió todo su ganado bovino.

boca abajo: Es preferible escribirlo en dos palabras. Aunque también en ocasiones podamos encontrar la grafía *bocabajo*, admitida por la RAE.

boca arriba: Es preferible escribirlo en dos palabras.

boicot: El plural de esta palabra es *boicots*.

bovina: Ver *bobina*.

bruñir: Verbo irregular, se conjuga como 'mullir'.

bullir: Verbo irregular, se conjuga como 'mullir'.

budín: Existe otra palabra para designar lo mismo: *pudin*.

bufé: No debe confundirse esta palabra con *bufete*.
Bufé: 'Comida por lo general nocturna, compuesta de platos calientes y fríos, con que se cubre de una vez la mesa'.
Bufete: 'Mesa de escribir con cajones. Estudio o despacho de un abogado'.

buhardilla: No deben usarse por *buhardilla* las palabras **bohardilla*, **guardilla*.

bulevar: El plural de esta palabra es *bulevares*.

bumerán: Españolización de la palabra inglesa *boomerang*, cuyo plural es *bumeranes*.

buró: 'Mueble'.
El plural de esta palabra es *burós*.

C

caber: Verbo irregular.

INDICATIVO

Presente	*Pretérito perfecto simple*
quepo	he cabido
cabes	has cabido
cabe	ha cabido
cabemos	hemos cabido
cabéis	habéis cabido
caben	han cabido
Pretérito imperfecto	*Pretérito pluscuamperfecto*
cabía	había cabido
cabías	habías cabido
cabía	había cabido
cabíamos	habíamos cabido
cabíais	habíais cabido
cabían	habían cabido
Pret. Perf. simple/Indef.	*Pretérito anterior*
cupe	hube cabido
cupiste	hubiste cabido
cupo	hubo cabido
cupimos	hubimos cabido
cupisteis	hubisteis cabido
cupieron	hubieron cabido
Futuro simple	*Futuro compuesto*
cabré	habré cabido
cabrás	habrás cabido
cabrá	habrá cabido
cabremos	habremos cabido
cabréis	habréis cabido
cabrán	habrán cabido
Condicional simple	*Condicional compuesto*
cabría	habría cabido
cabrías	habrías cabido
cabría	habría cabido

cabríamos	habríamos cabido
cabríais	habríais cabido
cabrían	habrían cabido

SUBJUNTIVO

Presente	*Pretérito perfecto*
quepa	haya cabido
quepas	hayas cabido
quepa	haya cabido
quepamos	hayamos cabido
quepáis	hayáis cabido
quepan	hayan cabido

Pretérito imperfecto	*Pretérito pluscuamperfecto*
cupiera/ cupiese	hubiera/ hubiese cabido
cupieras/ cupieses	hubieras/ hubieses cabido
cupiera/ cupiese	hubiera/ hubiese cabido
cupiéramos/ cupiésemos	hubiéramos/ hubiésemos cabido
cupierais/ cupieseis	hubierais/ hubieseis cabido
cupieran/ cupiesen	hubieran/ hubiesen cabido

Futuro simple	*Futuro compuesto*
cupiere	hubiere cabido
cupieres	hubieres cabido
cupiere	hubiere cabido
cupiéremos	hubiéremos cabido
cupiereis	hubiereis cabido
cupieren	hubieren cabido

IMPERATIVO

cabe
quepa
cabed
quepan

FORMAS NO PERSONALES:

Infinitivo: caber	Infinitivo compuesto: haber cabido
Gerundio: cabiendo	Gerundio compuesto: habiendo cabido
Participio: cabido	

cacahuete: Hay que evitar las siguientes grafías y pronunciaciones:
cacahué, cachués, alcahués.

cachemir: Puede también escribirse: *cachemira, casimir.*

cada: No es correcto usar *cada* para sustituir a *todos.*
INCORRECTO: **Cada día voy a clase.*
INCORRECTO: *Como carne *cada día.*
CORRECTO: *Todos los días voy a clase.*
CORRECTO: *Como carne todos los días.*

caer: Es incorrecta la expresión: **no lo caigas.*
Lo correcto es: *no lo dejes caer.*
Verbo irregular.

INDICATIVO

Presente	*Pretérito perfecto compuesto*
caigo	he caído
caes	has caído
cae	ha caído
caemos	hemos caído
caéis	habéis caído
caen	han caído

Pretérito imperfecto	*Pretérito pluscuamperfecto*
caía	había caído
caías	habías caído
caía	había caído
caíamos	habíamos caído
caíais	habíais caído
caían	habían caído

Pret. Perf. Simple/Indef.	*Pretérito anterior*
caí	hube caído
caíste	hubiste caído
cayó	hubo caído
caímos	hubimos caído
caísteis	hubisteis caído
cayeron	hubieron caído

Futuro simple	*Futuro compuesto*
caeré	habré caído
caerás	habrás caído
caerá	habrá caído
caeremos	habremos caído
caeréis	habréis caído
caerán	habrán caído

Condicional simple	*Condicional compuesto*
caería	habría caído
caerías	habrías caído
caería	habría caído
caeríamos	habríamos caído
caeríais	habríais caído
caerían	habrían caído

SUBJUNTIVO

Presente	*Pretérito perfecto*
caiga	haya caído
caigas	hayas caído
caiga	haya caído
caigamos	hayamos caído
caigáis	hayáis caído
caigan	hayan caído

Pretérito imperfecto	*Pretérito pluscuamperfecto*
cayera/ cayese	hubiera/ hubiese caído
cayeras/ cayeses	hubieras/ hubieses caído
cayera/ cayese	hubiera/ hubiese caído
cayéramos/ cayésemos	hubiéramos/ hubiésemos caído
cayerais/ cayeseis	hubierais/ hubieseis caído
cayeran/ cayesen	hubieran/ hubiesen caído

Futuro simple	*Futuro compuesto*
cayere	hubiere caído
cayeres	hubieres caído
cayere	hubiere caído
cayéremos	hubiéremos caído
cayereis	hubiereis caído
cayeren	hubieren caído

IMPERATIVO
cae
caiga
caed
caigan

FORMAS NO PERSONALES

Infinitivo: caer	Infinitivo compuesto: haber caído
Gerundio: cayendo	Gerundio compuesto: habiendo caído
Participio: caído	

café: Debe evitarse el plural **cafeses*. Lo correcto: *cafés*.

calcomanía: No debe usarse **calcamonía*. Lo correcto es *calcomanía*.

calentar: Verbo irregular.

INDICATIVO

Presente	*Pretérito perfecto compuesto*
caliento	he calentado
calientas	has calentado
calienta	ha calentado
calentamos	hemos calentado
calentáis	habéis calentado
calientan	han calentado

Pretérito imperfecto	*Pretérito pluscuamperfecto*
calentaba	había calentado
calentabas	habías calentado
calentaba	había calentado
calentábamos	habíamos calentado
calentabais	habíais calentado
calentaban	habían calentado

Pret. Perf. simple	*Pretérito anterior*
calenté	hube calentado
calentaste	hubiste calentado
calentó	hubo calentado

calentamos	hubimos calentado
calentasteis	hubisteis calentado
calentaron	hubieron calentado
Futuro simple	*Futuro compuesto*
calentaré	habré calentado
calentarás	habrás calentado
calentará	habrá calentado
calentaremos	habremos calentado
calentaréis	habréis calentado
calentarán	habrán calentado
Condicional simple	*Condicional compuesto*
calentaría	habría calentado
calentarías	habrías calentado
calentaría	habría calentado
calentaríamos	habríamos calentado
calentaríais	habríais calentado
calentarían	habrían calentado

SUBJUNTIVO

Presente	*Pretérito perfecto*
caliente	haya calentado
calientes	hayas calentado
caliente	haya calentado
calentemos	hayamos calentado
calentéis	hayáis calentado
calienten	hayan calentado
Pretérito imperfecto	*Pretérito pluscuamperfecto*
calentara/ calentase	hubiera/ hubiese calentado
calentaras/ calentases	hubieras/ hubieses calentado
calentara/ calentase	hubiera/ hubiese calentado
calentáramos/ calentásemos	hubiéramos/ hubiésemos calentado
calentarais/ calentaseis	hubierais/ hubieseis calentado
calentaran/ calentasen	hubieran/ hubiesen calentado
Futuro simple	*Futuro compuesto*
calentare	hubiere calentado
calentares	hubieres calentado

calentare hubiere calentado
calentáremos hubiéremos calentado
calentareis hubiereis calentado

IMPERATIVO
calienta
caliente
calentad
calienten

FORMAS NO PERSONALES
Infinitivo: calentar Infinitivo compuesto: haber calentado
Gerundio: calentando Gerundio compuesto: habiendo calentado
Participio: calentado

calentísimo: Debe evitarse la grafía y la pronunciación **ca-lientísimo*. Lo correcto es *calentísimo*.

calidoscopio/ caleidoscopio: Ambas denominaciones son aceptables, pero es preferible *calidoscopio* según Manuel Seco.

calor: Es masculino, por lo que no se debe escribir ni decir **la calor*.

camicace: Es la españolización de *kamikaze*.

cámping: El plural es *cámpings*.

campus: El plural de esta palabra es *campus (el/ los campus)*.

canalón: 'Conducto que recibe y vierte el agua de los tejados'. No debe confundirse con *canelón* (comida italiana).

canelón: 'Comida italiana'.
No debe usarse *canalón* por *canelón*, cuando nos referimos a la comida italiana.
INCORRECTO: *Hoy he comido canalones.*
CORRECTO: *Hoy he comido canelones.*

caqui: No debe escribirse **kaki*.

caradura: Es posible escribirla en una palabra o en dos: *caradura, cara dura*. Si la escribimos en una sola palabra éste será el sentido:
Tiene una cara dura...
Si la escribimos en una sola palabra:
Es un auténtico caradura.

cardiaco/ cardíaco: Ambas grafías son correctas, mas es preferible *cardiaco*.

carecer: Verbo irregular, se conjuga como 'carecer'.

caries: Es un nombre que no varía de número, es decir que sea singular o plural su forma es siempre la misma: *caries*.
Tengo una caries.
Tengo tres caries.
Es, por lo tanto, incorrecta la palabra **carie*.
INCORRECTO: *Tengo una carie.*
CORRECTO: *Tengo una caries.*

carné: Así es como la RAE recoge esta palabra que habitualmente se escribe *carnet*. Luego lo deseable será *carné* (plural: *carnés*).

casete: El *Diccionario* de la RAE escribe así esta palabra, que no es raro encontrar como *cassette*.
El plural de *casete* es *casetes*.

cegar: Verbo irregular, se conjuga como 'denegar'.

ceñir: Verbo irregular.

INDICATIVO

Presente	*Pretérito perfecto compuesto*
ciño	he ceñido
ciñes	has ceñido
ciñe	ha ceñido

ceñimos	hemos ceñido
ceñís	habéis ceñido
ciñen	han ceñido

Pretérito imperfecto	*Pretérito pluscuamperfecto*
ceñía	había ceñido
ceñías	habías ceñido
ceñía	había ceñido
ceñíamos	habíamos ceñido
ceñíais	habíais ceñido
ceñían	habían ceñido

Pret. Perf. Simple/Indef.	*Pretérito anterior*
ceñí	hube ceñido
ceñiste	hubiste ceñido
ciñó	hubo ceñido
ceñimos	hubimos ceñido
ceñisteis	hubisteis ceñido
ciñeron	hubieron ceñido

Futuro simple	*Futuro compuesto*
ciñere	hubiere ceñido
ciñeres	hubieres ceñido
ciñere	hubiere ceñido
ciñéremos	hubiéremos ceñido
ciñereis	hubiereis ceñido
ciñeren	hubieren ceñido

Condicional simple	*Condicional compuesto*
ceñiría	habría ceñido
ceñirías	habrías ceñido
ceñiría	habría ceñido
ceñiríamos	habríamos ceñido
ceñiríais	habríais ceñido
ceñirían	habrían ceñido

SUBJUNTIVO

Presente	*Pretérito perfecto*
ciña	haya ceñido
ciñas	hayas ceñido

ciña	haya ceñido
ciñamos	hayamos ceñido
ciñáis	hayáis ceñido
ciñan	hayan ceñido

Pretérito imperfecto	*Pretérito pluscuamperfecto*
ciñera/ ciñese	hubiera/ hubiese ceñido
ciñeras/ ciñeses	hubieras/ hubieses ceñido
ciñera/ ciñese	hubiera/ hubiese ceñido
ciñéramos/ ciñésemos	hubiéramos/ hubiésemos ceñido
ciñerais/ ciñeseis	hubierais/ hubieseis ceñido
ciñeran/ ciñesen	hubieran/ hubiesen ceñido

Futuro simple	*Futuro compuesto*
ciñere	hubiere ceñido
ciñeres	hubieres ceñido
ciñere	hubiere ceñido
ciñéremos	hubiéremos ceñido
ciñereis	hubiereis ceñido
ciñeren	hubieren ceñido

IMPERATIVO
ciñe
ciña
ceñid
ciñan

FORMAS NO PERSONALES

Infinitivo: ceñir	Infinitivo compuesto: haber ceñido
Gerundio: ciñendo	Gerundio compuesto: habiendo ceñido
Participio: ceñido	

cerner: Se conjuga como 'tender'.
No debe confundirse *cerner* con *cernir*.

cernir: Verbo irregular.

INDICATIVO

Presente	*Pretérito perfecto compuesto*
cierno	he cernido
ciernes	has cernido

cierne
cernimos
cernís
ciernen

ha cernido
hemos cernido
habéis cernido
han cernido

Pretérito imperfecto
cernía
cernías
cernía
cerníamos
cerníais
cernían

Pretérito pluscuamperfecto
había cernido
habías cernido
había cernido
habíamos cernido
habíais cernido
habían cernido

Pret. Perf. Simple/Indef.
cerní
cerniste
cernió
cernimos
cernisteis
cernieron

Pretérito anterior
hube cernido
hubiste cernido
hubo cernido
hubimos cernido
hubisteis cernido
hubieron cernido

Futuro simple
cerniré
cernirás
cernirá
cerniremos
cerniréis
cernirán

Futuro compuesto
habré cernido
habrás cernido
habrá cernido
habremos cernido
habréis cernido
habrán cernido

SUBJUNTIVO
Presente
cierna
ciernas
cierna
cernamos
cernáis
ciernan

Pretérito perfecto
haya cernido
hayas cernido
haya cernido
hayamos cernido
hayáis cernido
hayan cernido

Pretérito imperfecto
cerniera/ cerniese
cernieras/ cernieses

Pretérito pluscuamperfecto
hubiera/ hubiese cernido
hubieras/ hubieses cernido

cerniera/ cerniese	hubiera/ hubiese cernido
cerniéramos/ cerniésemos	hubiéramos/ hubiésemos cernido
cernierais/ cernieseis	hubierais/ hubieseis cernido
cernieran/ cerniesen	hubieran/ hubiesen cernido
Futuro simple	*Futuro compuesto*
cerniere	hubiere cernido
cernieres	hubieres cernido
cerniere	hubiere cernido
cerniéremos	hubiéremos cernido
cerniereis	hubiereis cernido
cernieren	hubieren cernido

IMPERATIVO
cierne
cierna
cernid
ciernan

FORMAS NO PERSONALES

Infinitivo simple: cernir — Infinitivo compuesto: haber cernido
Gerundio simple: cerniendo — Gerundio compuesto: habiendo cernido
Participio: cernido

cerrar: Verbo irregular, se conjuga como 'calentar'.

chalé: Es la españolización de la palabra inglesa *chalet*. El plural de *chalé* es *chalés*.

chaqué: Así es como debe escribirse en español esta palabra. Su plural es *chaqués*.

chófer: El plural es *chóferes*, no **chofers*.

ciempiés: Es incorrecta la grafía **cienpiés*. Antes de *p* ha de escribirse obligatoriamente *m*, por lo que lo correcto es *ciempiés*. La forma no varía de singular a plural.
Hoy he visto un ciempiés en casa de Paco.
¿Has visto los ciempiés que hay en el parque?

cinc: Ver *zinc*.

circunferir: Verbo irregular, se conjuga como 'adherir'.

circunscribir: Verbo regular, con participio irregular: *circunscrito*.

claxon: El plural de esta palabra es *cláxones*.

cocer: Verbo irregular.

INDICATIVO

Presente	*Pretérito perfecto compuesto*
cuezo	he cocido
cueces	has cocido
cuece	ha cocido
cocemos	hemos cocido
cocéis	habéis cocido
cuecen	han cocido

Pretérito imperfecto	*Pretérito pluscuamperfecto*
cocía	había cocido
cocías	habías cocido
cocía	había cocido
cocíamos	habíamos cocido
cocíais	habíais cocido
cocían	habían cocido

Pret. Perf. Simple/Indef.	*Pretérito anterior*
cocí	hubc cocido
cociste	hubiste cocido
coció	hubo cocido
cocimos	hubimos cocido
cocisteis	hubisteis cocido
cocieron	hubieron cocido

Futuro simple	*Futuro compuesto*
coceré	habré cocido
cocerás	habrás cocido
cocerá	habrá cocido
coceremos	habremos cocido

coceréis
cocerán

habréis cocido
habrán cocido

Condicional simple
cocería
cocerías
cocería
coceríamos
coceríais
cocerían

Condicional compuesto
habría cocido
habrías cocido
habría cocido
habríamos cocido
habríais cocido
habrían cocido

SUBJUNTIVO

Presente
cueza
cuezas
cueza
cozamos
cozáis
cuezan

Pretérito perfecto
haya cocido
hayas cocido
haya cocido
hayamos cocido
hayáis cocido
hayan cocido

Pretérito imperfecto
cociera/ cociese
cocieras/ cocieses
cociera/ cociese
cociéramos/ cociésemos
cocierais/ cocieseis
cocieran/ cociesen

Pretérito anterior
hube cocido
hubiste cocido
hube cocido
hubimos cocido
hubisteis cocido
hubieron cocido

Futuro simple
cociere
cocieres
cociere
cociéremos
cociereis
cocieren

Futuro compuesto
hubiere cocido
hubieres cocido
hubiere cocido
hubiéremos cocido
hubiereis cocido
hubieren cocido

IMPERATIVO
cuece
cueza
coced
cuezan

FORMAS NO PERSONALES

Infinitivo: cocer	Infinitivo compuesto: haber cocido
Gerundio: cocido	Gerundio compuesto: habiendo cocido
Participio: cocido	

cóctel: Españolización de *cocktail*. Plural: *cócteles*.

colar: Verbo irregular, se conjuga como 'acordar'.

colegir: Verbo irregular.

INDICATIVO

Presente	*Pretérito perfecto compuesto*
colijo	he colegido
coliges	has colegido
colige	ha colegido
colegimos	hemos colegido
colegís	habéis colegido
coligen	han colegido

Pretérito imperfecto	*Pretérito pluscuamperfecto*
colegía	había colegido
colegías	habías colegido
colegía	había colegido
colegíamos	habíamos colegido
colegíais	habíais colegido
colegían	habían colegido

Futuro simple	*Futuro compuesto*
colegiré	habré colegido
colegirás	habrás colegido
colegirá	habrá colegido
colegiremos	habremos colegido
colegiréis	habréis colegido
colegirán	habrán colegido

Condicional simple	*Condicional compuesto*
colegiría	habría colegido
colegirías	habrías colegido

colegiría
colegiríamos
colegiríais
colegirían

habría colegido
habríamos colegido
habríais colegido
habrían colegido

SUBJUNTIVO

Presente
colija
colijas
colija
colijamos
colijáis
colijan

Pretérito perfecto
haya colegido
hayas colegido
haya colegido
hayamos colegido
hayáis colegido
hayan colegido

Pretérito imperfecto
coligiera/ coligiese
coligieras/ coligieses
coligiera/ coligiese
coligiéramos/ coligiésemos
coligierais/ coligieseis

Pretérito anterior
hubiera/ hubiese colegido
hubieras/ hubieses colegido
hubiera/ hubiese colegido
hubiéramos/ hubiésemos colegido
hubierais/ hubieseis colegido

Futuro simple
coligiere
coligieres
coligiere
coligiéremos
coligiereis
coligieren

Futuro compuesto
hubiere colegido
hubieres colegido
hubiere colegido
hubiéremos colegido
hubiereis colegido
hubieren colegido

IMPERATIVO
colige
colija
colegid
colijan

FORMAS NO PERSONALES
Infinitivo: colegir
Gerundio: coligiendo
Participio: colegido

Infinitivo compuesto: haber colegido
Gerundio compuesto: habiendo colegido

colgar: Verbo irregular.

INDICATIVO

Presente
cuelgo
cuelgas
cuelga
colgamos
colgáis
cuelgan

Pretérito perfecto compuesto
he colgado
has colgado
ha colgado
hemos colgado
habéis colgado
han colgado

Pretérito imperfecto
colgaba
colgabas
colgaba
colgábamos
colgabais
colgaban

Pretérito pluscuamperfecto
había colgado
habías colgado
había colgado
habíamos colgado
habíais colgado
habían colgado

Pret. Perf. Simple/Indef.
colgué
colgaste
colgó
colgamos
colgasteis
colgaron

Pretérito anterior
hube colgado
hubiste colgado
hubo colgado
hubimos colgado
hubisteis colgado
hubieron colgado

Futuro simple
colgaré
colgarás
colgará
colgaremos
colgareis
colgarán

Futuro compuesto
habré colgado
habrás colgado
habrá colgado
habremos colgado
habréis colgado
habrán colgado

Condicional simple
colgaría
colgarías
colgaría
colgaríamos

Condicional compuesto
habría colgado
habrías colgado
habría colgado
habríamos colgado

colgaríais
colgarían

habríais colgado
habrían colgado

SUBJUNTIVO

Presente
cuelgue
cuelgues
cuelgue
colguemos
colguéis
cuelguen

Pretérito perfecto
haya colgado
hayas colgado
haya colgado
hayamos colgado
hayáis colgado
hayan colgado

Pretérito imperfecto
colgara/ colgase
colgaras/ colgases
colgara/ colgase
colgáramos/ colgásemos
colgarais/ colgaseis
colgaran/ colgasen

Pretérito pluscuamperfecto
hubiera/ hubiese colgado
hubieras/ hubieses colgado
hubiera/ hubiese colgado
hubiéramos/ hubiésemos colgado
hubierais/ hubieseis colgado
hubieran/ hubiesen colgado

Futuro simple
colgare
colgares
colgare
colgáremos
colgareis
colgaren

Futuro compuesto
hubiere colgado
hubieres colgado
hubiere colgado
hubiéremos colgado
hubiereis colgado
hubieren colgado

IMPERATIVO
cuelga
cuelgue
colgad
cuelguen

FORMAS NO PERSONALES
Infinitivo: colgar
Gerundio: colgando
Participio: colgado

Infinitivo compuesto: haber colgado
Gerundio compuesto: habiendo colgado

comedir: Verbo irregular, se conjuga como ‘medir’.

comenzar: Verbo irregular.

INDICATIVO

Presente
comienzo
comienzas
comienza
comenzamos
comenzáis
comienzan

Pretérito perfecto compuesto
he comenzado
has comenzado
ha comenzado
hemos comenzado
habéis comenzado
han comenzado

Pretérito imperfecto
comenzaba
comenzabas
comenzaba
comenzábamos
comenzabais
comenzaban

Pretérito pluscuamperfecto
había comenzado
habías comenzado
había comenzado
habíamos comenzado
habíais comenzado
habían comenzado

Pret. Perf. Simple/Indef.
comencé
comenzaste
comenzó
comenzamos
comenzasteis
comenzaron

Pretérito anterior
hube comenzado
hubiste comenzado
hubo comenzado
hubimos comenzado
hubisteis comenzado
hubieron comenzado

Futuro simple
comenzaré
comenzarás
comenzará
comenzaremos
comenzareis
comenzarán

Futuro compuesto
habré comenzado
habrás comenzado
habrá comenzado
habremos comenzado
habréis comenzado
habrán comenzado

Condicional simple
comenzaría
comenzarías
comenzaría

Condicional compuesto
habría comenzado
habrías comenzado
habría comenzado

comenzaríamos	habríamos comenzado
comenzaríais	habríais comenzado
comenzarían	habrían comenzado

SUBJUNTIVO

Presente	*Pretérito perfecto*
comience	haya comenzado
comiences	hayas comenzado
comience	haya comenzado
comencemos	hayamos comenzado
comencéis	hayáis comenzado
comiencen	hayan comenzado

Pretérito imperfecto	*Pretérito pluscuamperfecto*
comenzara/ comenzase	hubiera/ hubiese comenzado
comenzaras/ comenzases	hubieras/ hubieses comenzado
comenzara/ comenzase	hubiera/ hubiese comenzado
comenzáramos/comenzásemos	hubiéramos/hubiésemos comenzado
comenzarais/ comenzaseis	hubiereis/ hubieseis comenzado
comenzaran/ comenzasen	hubieran/ hubiesen comenzado

Futuro simple	*Futuro compuesto*
comenzare	hubiere comenzado
comenzares	hubieres comenzado
comenzare	hubiere comenzado
comenzáremos	hubiéremos comenzado
comenzareis	hubiereis comenzado
comenzaren	hubieren comenzado

IMPERATIVO
comienza
comience
comenzad
comiencen

FORMAS NO PERSONALES
Infinitivo: comenzar Infinitivo compuesto: haber comenzado
Gerundio: comenzando Gerundio compuesto: habiendo comenzado
Participio: comenzado

cómo: Lleva tilde cuando es adverbio interrogativo o exclamativo.
¿Cómo estás?
¿Cómo has venido?
¿Cómo lo has hecho?
¡Cómo come!
¡Cómo baila!
¡Cómo gritas!
También cuando su sentido es interrogativo aunque no vaya entre interrogaciones se escribirá con tilde.
Le pregunté cómo lo había conseguido.
Me gustaría saber cómo lo has hecho.
No te imaginas cómo grita.
No sabes cómo baila.
En los casos restantes no lleva tilde.
Como no sé hacerlo pues no lo hago.
Lo haré como tú quieras.
Canta como tú.
Es como tú.
Es tan alto como su padre.
Como tú no podías acompañarme, fui sola.

comoquiera/
como quiera/
comoquiera que: COMOQUIERA: Adverbio de modo: 'de cualquier manera'.
Sea comoquiera, la huella del Arcipreste se halla fuertemente impresa en la tradición... (Manuel Seco, *Diccionario de dudas y dificultades de la lengua española*, p.118).
COMO QUIERA: Igual que *comoquiera*: adverbio de modo ('de cualquier manera').
COMOQUIERA QUE: Conjunción: 'de cualquier manera que'.
Comoquiera que sea, la actitud negativa no tiene disculpa.
Conjunción: 'dado que'.
Comoquiera que las personas aquí presentes no están dispuestas a respetar la normativa, todas serán despedidas de esta empresa.

COMO QUIERA QUE: Igual que *comoquiera que*: conjunción ('de cualquier manera que').
Como quiera que sea, la actitud negativa no tiene disculpa.
Conjunción: 'dado que'.
Como quiera que las personas aquí presentes no están dispuestas a respetar la normativa, todas serán despedidas de esta empresa.

compadecer: Verbo irregular, se conjuga como 'abastecer'.

comparecer: Verbo irregular, se conjuga como 'abastecer'.

competir: Verbo irregular, se conjuga como 'medir'.

complacer: Verbo irregular, se conjuga como 'placer'.

complot: El plural de esta palabra es *complots*.

componer: Verbo irregular, se conjuga como 'poner'.

comprobar: Verbo irregular, se conjuga como 'acordar'.

concebir: Verbo irregular, se conjuga como'medir'.

concernir: Verbo irregular, se conjuga como 'cernir'.

concertar: Verbo irregular, se conjuga como 'calentar'.

concluir: Verbo irregular, se conjuga como 'afluir'.

concordar: Verbo irregular, se conjuga como 'acordar'.

condescender: Verbo irregular, se conjuga como 'tender'.

condolecerse: Verbo irregular, se conjuga como 'abastecer'.

condoler: Verbo irregular, se conjuga como 'mover'.

conducir: Verbo irregular.

INDICATIVO

Presente	*Pretérito perfecto compuesto*
conduzco	he conducido
conduces	has conducido
conduce	ha conducido
conducimos	hemos conducido
conducís	habéis conducido
conducen	han conducido

Pretérito imperfecto	*Pretérito pluscuamperfecto*
conducía	había conducido
conducías	habías conducido
conducía	había conducido
conducíamos	habíamos conducido
conducíais	habíais conducido
conducían	habían conducido

Pret. Perf. Simple/Indef.	*Pretérito anterior*
conduje	hube conducido
condujiste	hubiste conducido
condujo	hubo conducido
condujimos	hubimos conducido
condujisteis	hubisteis conducido
condujeron	hubieron conducido

Futuro simple	*Futuro compuesto*
conduciré	habré conducido
conducirás	habrás conducido
conducirá	habrá conducido
conduciremos	habremos conducido
conduciréis	habréis conducido
conducirán	habrán conducido

SUBJUNTIVO

Presente	*Pretérito perfecto*
conduzca	haya conducido
conduzcas	hayas conducido
conduzca	haya conducido

conduzcamos	hayamos conducido
conduzcáis	hayáis conducido
conduzcan	hayan conducido

Pretérito imperfecto	*Pretérito pluscuamperfecto*
condujera/ condujese	hubiera/ hubiese conducido
condujeras/ condujeses	hubieras/ hubieses conducido
condujera/ condujese	hubiera/ hubiese conducido
condujéramos/ condujésemos	hubiéramos/ hubiésemos conducido
condujerais/ condujeseis	hubierais/ hubieseis conducido
condujeran/ condujesen	hubieran/ hubiesen conducido

Futuro simple	*Futuro compuesto*
condujere	hubiere conducido
condujere	hubiere conducido
condujeres	hubieres conducido
condujere	hubiere conducido
condujéremos	hubiéremos conducido
condujereis	hubiereis conducido
condujeren	hubieren conducido

IMPERATIVO
conduce
conduzca
conducid
conduzcan

FORMAS NO PERSONALES

Infinitivo: conducir	Infinitivo compuesto: haber conducido
Gerundio: conduciendo	Gerundio compuesto: habiendo conducido
Participio: conducido	

conferir: Verbo irregular, se conjuga como 'adherir'.

confesar: Verbo irregular, se conjuga como 'calentar'.

confluir: Verbo irregular, se conjuga como 'afluir'.

conforme: Adjetivo.
Al final parecía conforme con la decisión.

Locución prepositiva: *conforme a:*
Conforme a lo dicho, mañana se iniciará la operación.
Conjunción.
Las cosas seguirán conforme las habíamos acordado.

confort: El plural es *conforts*.

conmover: Verbo irregular, se conjuga como 'mover'.

conocer: Verbo irregular, se conjuga como 'abastecer'.

conque/ conque: Hay que diferenciar *conque* de *con que*.
CONQUE: Conjunción consecutiva: 'así que'.
No voy a ir, conque deja ya de insistir.
Has suspendido tres asignaturas, conque ya sabes lo que te espera este trimestre.
Se puede usar también así:
¿Conque ésas tenemos?
¿Conque ibas a aprobarlo todo?
¿Conque habías dejado de fumar?
CON QUE: Preposición (*con*) + relativo (*que*).
Éste es el dinero con que nos iremos de vacaciones.
Preposición + conjunción.
No me vengas con que tenemos que salir pronto de casa porque hay que llegar a tiempo a casa de tus padres; que luego llegamos y ni siquiera ellos están.

conseguir: Verbo irregular, se conjuga como 'medir'.

consentir: Verbo irregular, se conjuga como 'adherir'.

conserje: Esta palabra se escribe con *j*, no con *g*.
CORRECTO: *conserje.*
INCORRECTO: *conserge.*

conserjería: Se escribe con *j*, no con *g*.
CORRECTO: *conserjería.*
INCORRECTO: *consergería.*

consolar: Verbo irregular, se conjuga como 'acordar'.

consonar: Verbo irregular, se conjuga como 'acordar'.

constituir: Verbo irregular, se conjuga como 'afluir'.

constreñir: Verbo irregular, se conjuga como 'ceñir'.

construir: Verbo irregular, se conjuga como 'afluir'.

contar: Verbo irregular, se conjuga como 'acordar'.

contener: Verbo irregular, se conjuga como 'tener'.

contra: Esta preposición no debe usarse de la siguiente manera:
INCORRECTO: *Contra más como, más adelgazo.*
CORRECTO: *Cuanto más como más adelgazo.*
La preposición *contra* no significa *cuanto*, por lo que es incorrecto usar *contra* como sinónimo de *cuanto*.

contradecir: Verbo irregular, se conjuga como 'decir'.

contraer: Verbo irregular, se conjuga como 'traer'. Tiene dos participios: contraído/ contracto.

contraponer: Verbo irregular, se conjuga como 'poner'.

contravenir: Verbo irregular, se conjuga como 'venir'.

contribuir: Verbo irregular, se conjuga como 'afluir'.

controvertir: Verbo irregular, se conjuga como 'adherir'.

convalecer: Verbo irregular, se conjuga como 'abastecer'.

convenir: Verbo irregular, se conjuga como 'venir'.

convertir: Verbo irregular, se conjuga como 'adherir'.

convoy: El plural es *convoyes*.

coñac: Su plural es *coñacs*.

coproducir: Verbo irregular, se conjuga como 'conducir'.

corpus: El plural es igual: *corpus*.

corregir: Verbo irregular, se conjuga como 'colegir'.

corroer: Verbo irregular, se conjuga como 'roer'.

costar: Verbo irregular, se conjuga como 'acordar'.

cotidianidad: Esta palabra es la correcta, no **cotidianeidad*. Luego lo correcto es: *cotidianidad*.

crecer: Verbo irregular, se conjuga como 'abastecer'.

creer: Verbo irregular, se conjuga como 'leer'.

croqueta: Ésta es la grafía correcta y también la pronunciación correcta. Deben evitarse los siguientes errores, frecuentes sobre todo en su pronunciación: **cocreta*, **crocreta*. La palabra correcta es: *croqueta*.

cruasán: Esta palabra proviene del francés *(croissant)* y se pronuncia como se escribe, es decir: *cruasán*. Ha de evitarse: **curasán*.
El plural de *cruasán* es *cruasanes*.

crudelísimo: Superlativo de cruel.
Es un hombre crudelísimo.

cruelísimo: Superlativo de cruel.
Es un hombre cruelísimo.

cual: Son incorrectas las formas **cualo*, **cuala*.

cuál: Pronombre interrogativo.
Cuál sólo lleva tilde cuando es pronombre interrogativo.
¿Cuál quieres?
¿Cuáles quieres?
Si no es pronombre interrogativo no lleva tilde.
Allá cada cual con sus problemas.
Sea cual sea tu problema seguro que tiene alguna solución.

cualquiera: El plural de *cualquiera* es *cualesquiera.*
Que vengan dos mujeres cualesquiera.
Necesito dos hombres cualesquiera.
No debe usarse la forma *cualquiera* como plural.
INCORRECTO: *Que vengan dos mujeres cualquiera.*
INCORRECTO: *Necesito dos hombres cualquiera.*

cuándo: Pronombre interrogativo.
¿Cuándo vienes?
¿Cuándo te darán las vacaciones?
No sé cuándo podré ir a verte.
Preguntó cuándo llegabas.
En los restantes casos *cuando* se escribe sin tilde.
Cuando llegues a casa, llámame.
Cuando quieras nos vamos.

cuánto/a(s): Pronombre y adjetivo interrogativo y exclamativo.
Pronombre y adjetivo interrogativo.
¿Cuánto dinero tienes?
¿Cuánto aguantarás?
Dime cuánto tengo que aguantar.
No sé cuánto tiempo queda.
Pronombre exclamativo.
¡Cuánta belleza !
¡Cuánta maldad hay en el mundo!
¡Cuánto amo!
¡Cuánto odias!

cum laude: Se dice de la calificación máxima de ciertas notas'.
Deben evitarse las siguientes incorrecciones:
**cum laudem*
**cum lauden*
La única palabra correcta es *cum laude*.

currículum: Existen estas posibilidades:
currículum vitae
currículo
currículum
En cuanto al plural:
*currículum vitae*_ puede mantenerse *curriculum vitae* para el plural, o usar *currícula vitae*
*currículo*_ *currículos*
*currículum*_ *currículos*

D

dar: Verbo irregular.

INDICATIVO

Presente	*Pretérito perfecto compuesto*
doy	he dado
das	has dado
da	ha dado
damos	hemos dado
dais	habéis dado
dan	han dado

Pretérito imperfecto	*Pretérito pluscuamperfecto*
daba	había dado
dabas	habías dado
daba	había dado
dábamos	habíamos dado
dabais	habíais dado
daban	habían dado

Pret. Perf. Simple/Indef.	*Pretérito anterior*
di	hube dado
diste	hubiste dado
dio	hubo dado
dimos	hubimos dado
disteis	hubisteis dado
dieron	hubieron dado

Futuro simple	*Futuro compuesto*
daré	habré dado
darás	habrás dado
dará	habrá dado
daremos	habremos dado
daréis	habréis dado
darán	habrán dado

Condicional simple	*Condicional compuesto*
daría	habría dado
darías	habrías dado

daría	habría dado
daríamos	habríamos dado
daríais	habríais dado
darían	habrían dado

SUBJUNTIVO

Presente	*Pretérito perfecto*
dé	haya dado
des	hayas dado
dé	haya dado
demos	hayamos dado
deis	hayáis dado
den	hayan dado

Pretérito imperfecto	*Pretérito pluscuamperfecto*
diera/ diese	hubiera/ hubiese dado
dieras/ dieses	hubieras/ hubieses dado
diera/ diese	hubiera/ hubiese dado
diéramos/ diésemos	hubiéramos/ hubiésemos dado
dierais/ dieseis	hubierais/ hubieseis dado
dieran/ diesen	hubieran/ hubiesen dado

Futuro simple	*Futuro compuesto*
diere	hubiere dado
dieres	hubieres dado
diere	hubiere dado
diéremos	hubiéremos dado
diereis	hubiereis dado
dieren	hubieren dado

IMPERATIVO

da
dé
dad
den

FORMAS NO PERSONALES

Infinitivo: dar	Infinitivo compuesto: haber dado
Gerundio: dando	Gerundio compuesto: habiendo dado
Participio: dado	

de: Hay dos usos incorrectos de esta preposición. En un caso porque se omite erróneamente y en el otro caso porque se pone cuando debería omitirse.
1. Omisión de la preposición *de* en casos como los siguientes:
*Estaba segura *que aprobarías el examen.*
Lo correcto:
Estaba segura **de** *que aprobarías el examen.*
*No me di cuenta *que habías llegado, lo siento.*
Lo correcto:
No me di cuenta **de** *que habías llegado, lo siento.*
2. La presencia de la preposición *de* en ciertas oraciones es incorrecta. Es el denominado *dequeísmo*.
*Pienso *de que puedes sacarle más partido a tu pelo.*
Lo correcto:
Pienso que puedes sacarle más partido a tu pelo.
*Me preguntó *de que cuánto estudiaba al día.*
Lo correcto:
Me preguntó que cuánto estudiaba al día.
*Me dijo *de que me fuera.*
Lo correcto:
Me dijo que me fuera.

de/ dé: Diferencia entre *de* y *dé*.
Dé: verbo dar.
Deseo que lo dé todo.
Usted, dé ahora mismo al guardia su DNI.
Dé sus datos, por favor, a la secretaria.
De: preposición.
Iré de Madrid a Viena.
De aquí a la eternidad hay un paso.
No hay mucha distancia de tu casa a la mía.

debajo: Ya se explicó en *abajo* la diferencia entre *debajo* y *abajo*, por lo que el lector debe acudir a la letra A y buscar *abajo*, allí encontrará la explicación.

deber de: Existe cierta confusión en el uso de *deber de* + infinitivo y *deber* + infinitivo.
Deber de + infinitivo: expresa posibilidad.

Debe de ser Pedro el que llama, ¿no crees?
Ese hombre debe de ser el padre de Juan, porque se parecen mucho, pero no lo sé.
Deber + infinitivo: expresa obligación, es similar a *tener que*.
Debes ir a clase.
Tienes que ir a clase.
Debemos ser mejores padres.
Tenemos que ser mejores padres.

decaer: Verbo irregular, se conjuga como 'caer'.

decir: Verbo irregular.

INDICATIVO

Presente	*Pretérito perfecto compuesto*
digo	he dicho
dices	has dicho
dice	ha dicho
decimos	hemos dicho
decís	habéis dicho
dicen	han dicho

Pretérito imperfecto	*Pretérito pluscuamperfecto*
decía	había dicho
decías	habías dicho
decía	había dicho
decíamos	habíamos dicho
decíais	habíais dicho
decían	habían dicho

Pret. Perf. Simple/Indef.	*Pretérito anterior*
dije	hube dicho
dijiste	hubiste dicho
dijo	hubo dicho
dijimos	hubimos dicho
dijisteis	hubisteis dicho
dijeron	hubieron dicho

Futuro simple
diré
dirás
dirá
diremos
diréis
dirán

Futuro compuesto
habré dicho
habrás dicho
habrá dicho
habremos dicho
habréis dicho
habrán dicho

Condiconal simple
diría
dirías
diría
diríamos
diríais
dirían

Condicional compuesto
habría dicho
habrías dicho
habría dicho
habríamos dicho
habríais dicho
habrían dicho

SUBJUNTIVO

Presente
diga
digas
diga
digamos
digáis
digan

Pretérito perfecto
haya dicho
hayas dicho
haya dicho
hayamos dicho
hayáis dicho
hayan dicho

Pretérito imperfecto
dijera/ dijese
dijeras/ dijeses
dijera/ dijese
dijéramos/ dijésemos
dijerais/ dijeseis
dijeran/ dijesen

Pretérito pluscuamperfecto
hubiera/ hubiese dicho
hubieras/ hubieses dicho
hubiera/ hubiese dicho
hubiéramos/ hubiésemos dicho
hubierais/ hubieseis dicho
hubieran/ hubiesen dicho

Futuro simple
dijere
dijeres
dijere
dijéremos
dijereis
dijeren

Futuro compuesto
hubiere dicho
hubieres dicho
hubiere dicho
hubiéremos dicho
hubiereis dicho
hubieren dicho

IMPERATIVO
di
diga
decid
digan

FORMAS NO PERSONALES

Infinitivo: decir	Infinitivo compuesto: haber dicho
Gerundio: diciendo	Gerundio compuesto: habiendo dicho
Participio: dicho	

deducir: Verbo irregular, se conjuga como 'conducir'.

defender: Verbo irregular, se conjuga como 'tender'.

déficit: El plural es *déficit (los déficit).* Debe evitarse la forma **déficits.*

deflación: Es incorrecta la grafía y la pronunciación: **deflacción*. Lo correcto: *deflación.*

degollar: Verbo irregular.

INDICATIVO

Presente	*Pretérito perfecto simple*
degüello	he degollado
degüellas	has degollado
degüella	ha degollado
degollamos	hemos degollado
degolláis	habéis degollado
degüellan	han degollado

Pretérito imperfecto	*Pretérito pluscuamperfecto*
degollaba	había degollado
degollabas	habías degollado
degollaba	había degollado
degollábamos	habíamos degollado
degollabais	habíais degollado
degollaban	habían degollado

Pret. Perf. Simple/Indef.	*Pretérito anterior*
degollé	hube degollado
degollaste	hubiste degollado
degolló	hubo degollado
degollamos	hubimos degollado
degollasteis	hubisteis degollado
degollaron	hubieron degollado

Futuro simple	*Futuro compuesto*
degollaré	habré degollado
degollarás	habrás degollado
degollará	habrá degollado
degollaremos	habremos degollado
degollaréis	habréis degollado
degollarán	habrán degollado

Condicional simple	*Condicional compuesto*
degollaría	habría degollado
degollarías	habrías degollado
degollaría	habría degollado
degollaríamos	habríamos degollado
degollaríais	habríais degollado
degollarían	habrían degollado

SUBJUNTIVO

Presente	*Pretérito perfecto*
degüelle	haya degollado
degüelles	hayas degollado
degüelle	haya degollado
degollemos	hayamos degollado
degolléis	hayáis degollado
degüellen	hayan degollado

Pretérito imperfecto	*Pretérito pluscuamperfecto*
degollara/ degollase	hubiera/ hubiese degollado
degollaras/ degollases	hubieras/ hubieses degollado
degollara/ degollase	hubiera/ hubiese degollado
degolláramos/ degollásemos	hubiéramos/ hubiésemos degollado
degollarais/ degollaseis	hubierais/ hubieseis degollado
degollaran/ degollasen	hubieran/ hubiesen degollado

Futuro simple	*Futuro compuesto*
degollare	hubiere degollado
degollares	hubieres degollado
degollare	hubiere degollado
degolláremos	hubiéremos degollado
degollareis	hubiereis degollado
degollaren	hubieren degollado

IMPERATIVO
degüella
degüelle
degollad
degüellen

FORMAS NO PERSONALES

Infinitivo simple:	Infinitivo compuesto:
degollar	haber degollado
Gerundio simple:	Gerundio compuesto:
degollando	habiendo degollado
Participio: degollado	

dehesa: Aunque al decir esta palabra no se pronuncie la sílaba *he (de**he**sa)*, al escribirla sí habrá que escribirla. Luego la grafía correcta es *dehesa*.

delante: Adverbio de lugar.
Ver la diferencia entre *delante* y *adelante* en *adelante*, es decir en la letra A de este diccionario.

demás/ de más: Diferencia entre *demás* y *de más*.
DEMÁS: Indefinido.
Díselo a los demás.
Los demás familiares se quedaron en casa de Rosa.
Los demás no cuentan, sólo tú y yo podemos decidirlo.
Locución.
Por lo demás todo está bien.
DE MÁS: Preposición *(de)* + adverbio *(más)*.
No me acuerdo de más cosas, lo siento.
Lo que acabas de decir está de más, ¿no te parece?
En mi opinión hoy has comido de más, así que no deberías cenar, porque puedes ponerte enfermo.

demoníaco/ demoniaco: Ambas son correctas.

demostrar: Verbo irregular, se conjuga como 'acordar'.

denegar: Verbo irregular, se conjuga como 'abnegar'.

denostar: Verbo irregular, se conjuga como 'acordar'.

dentro: Para la diferencia entre *dentro* y *adentro* consultar en la letra A de este diccionario.

deponer: Verbo irregular, se conjuga como 'poner'.

deprisa: Se puede escribir también *de prisa*; no obstante, es preferible la grafía en una palabra: *deprisa*.

derretir: Verbo irregular, se conjuga como 'medir'.

derruir: Verbo irregular, se conjuga como 'afluir'.

desabastecer: Verbo irregular, se conjuga como 'abastecer'.

desalentar: Verbo irregular, se conjuga como 'calentar'.

desandar: Verbo irregular, se conjuga como 'andar'.

desaparecer: Verbo irregular, se conjuga como 'abastecer'.

desaprobar: Verbo irregular, se conjuga como 'acordar'.

desatender: Verbo irregular, se conjuga como 'tender'.

descalabrar: Tanto *descalabrar* como *escalabrar* significan lo mismo, pero, y siguiendo a Manuel Seco en su *Diccionario de dudas, escalabrar* es más propio del uso popular.

descalzar: Verbo regular. Dos participios: regular_ descalzado/ irregular_ descalzo.

descender: Verbo irregular, se conjuga como 'tender'.

descolgar: Verbo irregular, se conjuga como 'colgar'.

descomponer: Verbo irregular, se conjuga como 'poner'.

desconcertar: Verbo irregular, se conjuga como 'calentar'.

desconocer: Verbo irregular, se conjuga como 'abastecer'.

descontar: Verbo irregular, se conjuga como 'acordar'.

descornar: Verbo irregular, se conjuga como 'acordar'.

desdecir: Verbo irregular, se conjuga como 'decir'.

desecho: Diferencia entre *desecho* y *deshecho*: ver *deshecho*.

desenterrar: Verbo irregular, se conjuga como 'calentar'.

desenvolver: Verbo irregular, se conjuga como 'mover'. Participio irregular: desenvuelto.

desfallecer: Verbo irregular, se conjuga como 'abastecer'.

desfavorecer: Verbo irregular, se conjuga como 'abastecer'.

deshacer: Verbo irregular, se conjuga como 'hacer'.

deshecho: Diferencia entre *deshecho* y *desecho*.
DESHECHO: Participio del verbo *deshacer*.
Belén ha llegado a casa a las diez, y nada más hacerlo ha deshecho la cama.
He deshecho la cama de Juana porque ella siempre deshace la mía.
He deshecho todo lo que tú habías hecho en casa. No quiero nada hecho por ti.
DESECHO: Verbo *desechar*.
Siempre que puedo desecho todo aquello que no sirve.

Sustantivo.
Eso no son más que desechos.
Los desechos se tiran a la basura.

deshelar: Verbo irregular, se conjuga como 'calentar'. Verbo impersonal.

desistimiento: Es incorrecto: * *desestimiento*.

desleír: Verbo irregular, se conjuga como 'reír'.

deslucir: Verbo irregular, se conjuga como 'lucir'.

desmentir: Verbo irregular, se conjuga como 'adherir'.

desmerecer: Verbo irregular, se conjuga como 'abastecer'.

desobedecer: Verbo irregular, se conjuga como 'abastecer'.

despabilar: Este verbo significa lo mismo que *espabilarse* y ambos son correctos aunque se use más *espabilar*.

despedir: Verbo irregular, se conjuga como 'medir'.

despertar: Verbo irregular, se conjuga como 'calentar'.

desplegar: Verbo irregular, se conjuga como 'abnegar'.

despoblar: Verbo irregular, se conjuga como 'acordar'.

desposeer: Verbo irregular, se conjuga como 'leer'.

desproveer: Verbo irregular, se conjuga como 'leer'. Tiene dos participios:
Participio regular: desproveído
Participio irregular: desprovisto

desteñir: Verbo irregular, se conjuga como'ceñir'.

desternillarse: No debe confundirse usar *destornillarse* por *desternillarse.*
Lo correcto: *desternillarse (de risa).*

desterrar: Verbo irregular, se conjuga como 'calentar'.

destituir: Verbo irregular, se conjuga como 'afluir'.

destruir: Verbo irregular, se conjuga como 'afluir'.

detrás: Para distinguirlo del adverbio *atrás* consultar *atrás* en la A de este diccionario.

desvaír: Verbo irregular, se conjuga como 'oír', y es defectivo (ver 'abolir').

desvanecer: Verbo irregular, se conjuga como 'abastecer'.

desvestir: Verbo irregular, se conjuga como 'medir'.

detener: Verbo irregular, se conjuga como 'tener'.

devolver: Verbo irregular, se conjuga como 'mover'. Participio: devuelto.

diferir: Verbo irregular, se conjuga como 'adherir'.

digerir: Verbo irregular, se conjuga como 'adherir'.

digresión: No debe usarse **disgresión* por *digresión.*

diluir: Verbo irregular, se conjuga como 'afluir'.

dinamo/ dínamo: Son válidas las dos formas: *dinamo* y *dínamo.* Es femenino: *la dinamo*, por lo que no debe decirse ni escribirse: **el dinamo.*

dioptría: No debe decirse ni escribirse **diotría*, pues lo correcto es *dioptría*.

discernir: Verbo irregular, se conjuga como 'cernir'.

discreción: No debe decirse ni escribirse **discrección*, pues no acaba esta palabra en *-cción*, sino en *-ción*. Por lo tanto, lo correcto será: *discreción*.

discusión: No debe escribirse ni decirse **discursión*, pues la forma correcta es *discusión*.

disentir: Verbo irregular, se conjuga como 'adherir'.

disminuir: Verbo irregular, se conjuga como 'afluir'.

disolver: Verbo irregular, se conjuga como 'mover'. Participio irregular: disuelto.

disponer: Verbo irregular, se conjuga como 'poner'.

distraer: Verbo irregular, se conjuga como 'traer'.

distribuir: Verbo irregular, se conjuga como 'afluir'.

divertir: Verbo irregular, se conjuga como 'adherir'.

doler: Verbo irregular, se conjuga como 'mover'.

dónde: Lleva tilde cuando es interrogativo.
¿Dónde está tu hermana?
¿Dónde has estado esta mañana?
Dime dónde está tu hermana.
Dime dónde has estado esta mañana.
Es decir, que cuando vaya entre signos de interrogación o su sentido sea interrogativo *dónde* se escribirá con tilde.
En los casos restantes nunca llevará tilde.
Estés donde estés, acuérdate de mí.
Tu libro está donde tú lo dejaste.

Para ver diferencia entre *donde* y *adonde* consultar *adonde* en la A de este diccionario.

dondequiera/ donde quiera: DONDEQUIERA: Adverbio: 'En cualquier parte'. Lleva normalmente un *que* a continuación *(dondequiera que).*
Dondequiera que estés, acuérdate siempre del lugar del que procedes.
(En cualquier parte que estés, acuérdate siempre del lugar del que procedes).
Dondequiera que trabajes, compórtate como un buen trabajador y sé siempre un buen compañero.
(En cualquier parte que trabajes, compórtate como un buen trabajador y sé siempre un buen compañero).
DONDE QUIERA: Adverbio *donde* + verbo *querer.*
Hemos decidido que iremos donde quiera Juan.
Finalmente celebraremos la fiesta donde quiera Sonia, que para eso es la que la organiza.
A mí me da igual donde quiera ir mi primo, yo iré al colegio de todas maneras, porque tengo clase y eso es lo más importante.

dopaje: Debe usarse *dopaje* y no *doping*, así como *antidopaje* y no *antidoping*. *Dopaje* y *antidopaje* son palabras españolas, mientras que *doping* y *antidoping* son palabras inglesas, por eso es recomendable y preferible el uso de *dopaje* y *antidopaje*.

doquier: Adverbio similar a *dondequiera*.

dormir: Verbo irregular.

INDICATIVO

Presente	*Pretérito perfecto compuesto*
duermo	he dormido
duermes	has dormido
duerme	ha dormido

dormimos
dormís
duermen

hemos dormido
habéis dormido
han dormido

Pretérito imperfecto
dormía
dormías
dormía
dormíamos
dormíais
dormían

Pretérito pluscuamperfecto
había dormido
habías dormido
había dormido
habíamos dormido
habíais dormido
habían dormido

Futuro simple
dormiré
dormirás
dormirá
dormiremos
dormiréis
dormirán

Futuro compuesto
habré dormido
habrás dormido
habrá dormido
habremos dormido
habréis dormido
habrán dormido

Condicional simple
dormiría
dormirías
dormiría
dormiríamos
dormiríais
dormirían

Condicional compuesto
habría dormido
habrías dormido
habría dormido
habríamos dormido
habríais dormido
habrían dormido

SUBJUNTIVO
Presente
duerma
duermas
duerma
durmamos
durmáis
duerman

Pretérito perfecto
haya dormido
hayas dormido
haya dormido
hayamos dormido
hayáis dormido
hayan dormido

Pretérito imperfecto
durmiera/ durmiese
durmieras/ durmieses

Pretérito pluscuamperfecto
hubiera/ hubiese dormido
hubieras/ hubieses dormido

durmiera/ durmiese	hubiera/ hubiese dormido
durmiéramos/ durmiésemos	hubiéramos/ hubiésemos dormido
durmierais/ durmieseis	hubierais/ hubieseis dormido
durmieran/ durmiesen	hubieran/ hubiesen dormido

Futuro simple	*Futuro compuesto*
durmiere	hubiere dormido
durmieres	hubieres dormido
durmiere	hubiere dormido
durmiéremos	hubiéremos dormido
durmiereis	hubiereis dormido
durmieren	hubieren dormido

IMPERATIVO
duerme
duerma
dormid
duerman

FORMAS NO PERSONALES

Infinitivo: dormir	Infinitivo compuesto: haber dormido
Gerundio: durmiendo	Gerundio compuesto: habiendo dormido
Participio: dormido	

duermevela: 'Sueño ligero en el que se halla el que está dormitando.|| Sueño fatigoso y frecuentemente interrumpido'.
Puede usarse como masculino *(el duermevela)* y como femenino *(la duermevela)*, siendo válidas ambas opciones.

dúplex: Esta palabra no varía aunque varíe el número. Es decir, que se mantiene igual en su forma tanto en singular como en plural.
He comprado un dúplex.
He comprado dos dúplex.

E

e: Conjunción. Se usa en lugar de *y* cuando precede a una palabra que empieza por *i*.
Juan e Inés salieron juntos.
Lo que has hecho es indecoroso e indigno.

eccema: También es correcta la grafía *eczema*. No debe escribirse ni decirse **ecema*.

editorial: Es femenino cuando se refiere a 'casa editora'.
La editorial saldrá adelante.
Es masculino cuando se refiere a la columna periodística donde el periódico expone su opinión.
¿Qué te ha parecido el editorial de hoy de El País?

el: No lleva acento cuando es determinante, esto es, cuando *el* acompaña a otra palabra.
El perro de mi primo es muy bueno.
El niño del pantalón azul es mi hijo.
El verano pasado fui a Mallorca.

él: Lleva acento cuando es pronombre, en cuyo caso no acompañará a palabra alguna.
Él sabe toda la verdad.
Él es el culpable de lo sucedido.
Él es mi novio.

elegir: Verbo irregular, se conjuga como 'colegir'.

embellecer: Verbo irregular, se conjuga como 'abastecer'.

embestir: Verbo irregular, se conjuga como 'medir'.

embravecer: Verbo irregular, se conjuga como 'abastecer'.

embrutecer: Verbo irregular, se conjuga como 'abastecer'.

empequeñecer: Verbo irregular, se conjuga como 'abastecer'.

empezar: Verbo irregular, se conjuga como 'calentar'.

enaltecer: Verbo irregular, se conjuga como 'abastecer'.

enardecer: Verbo irregular, se conjuga como 'abastecer'.

embellecer: Verbo irregular, se conjuga como 'abastecer'.

encender: Verbo irregular, se conjuga como 'tender'.

encerrar: Verbo irregular, se conjuga como 'calentar'.

encinta: 'Embarazada'.
Se escribe en una sola palabra, no en dos.
Ana está encinta, ¿verdad?
¿Es una buena noticia que estés encinta?

encomendar: Verbo irregular, se conjuga como 'calentar'.

encontrar: Verbo irregular, se conjuga como 'acordar'.

encubrir: Verbo regular, pero tiene participio irregular: encubierto.

endurecer: Verbo irregular, se conjuga como 'abastecer'.

enfrente/ en frente: Ambas grafías son válidas, pero es preferible la primera.

enfurecer: Verbo irregular, se conjuga como 'abastecer'.

engrandecer: Verbo irregular, se conjuga como 'abastecer'.

engullir: Verbo irregular, se conjuga como 'mullir'.

enhebrar: Hay que escribir esta palabra con *h* intercalada: *enhebrar*.

enhorabuena: Esta palabra puede ser nombre y puede ser adverbio.

Nombre:
Le di la enhorabuena.
Adverbio:
¡Que sea enhorabuena!
Cuando es adverbio puede escribirse en dos palabras:
¡Que sea en hora buena!

enloquecer: Verbo irregular, se conjuga como 'compadecer'.

enmendar: Verbo irregular, se conjuga como 'calentar'.

enmudecer: Verbo irregular, se conjuga como 'abastecer'.

ennoblecer: Verbo irregular, se conjuga como 'abastecer'.

enorgullecer: Verbo irregular, se conjuga como 'abastecer'.

enralecer: Verbo irregular, se conjuga como 'abastecer'.

enriquecer: Verbo irregular, se conjuga como 'abastecer'.

enrojecer: Verbo irregular, se conjuga como 'abastecer'.

enronquecer: Verbo irregular, se conjuga como 'abastecer'.

enrudecer: Verbo irregular, se conjuga como 'abastecer'.

ensangrentar: Verbo irregular, se conjuga como 'calentar'.

enseguida/ en seguida: Ambas grafías son correctas, mas es preferible el uso de la primera.

ensordecer: Verbo irregular, se conjuga como 'abastecer'.

entender: Verbo irregular, se conjuga como 'tender'.

enternecer: Verbo irregular, se conjuga como 'abastecer'.

enterrar: Verbo irregular, se conjuga como 'calentar'.

entorno/ en torno: ENTORNO: Nombre: 'Ambiente, lo que rodea'.
Yo creo que el entorno es muy importante para todos.
El entorno de la casa de mis abuelos es maravilloso.
EN TORNO: Preposición *(en) + torno.*
Voy a haceros un retrato, así que poneos todos en torno a María.
Estarías mucho mejor si os pusierais en torno a esa roca.

entorpecer: Verbo irregular, se conjuga como 'abastecer'.

entreabrir: Verbo regular. Participio irregular: entreabierto.

entrecerrar: Verbo irregular, se conjuga como 'calentar'.

entremeter: Puede también escribirse y decirse *entrometerse.*

entreno: Se usa a veces esta palabra como sinónimo de *entrenamiento*, no obstante, es preferible el uso de *entrenamiento.*

entretanto/ entre tanto: ENTRETANTO: Puede ser:
Adverbio: 'mientras tanto', en cuyo caso puede escribirse en una palabra o en dos. Es más deseable escribirlo en dos palabras.
Yo iré al parque a buscar al niño, entre tanto (entretanto) tú irás haciendo la cena.
Nombre: 'tiempo intermedio'. En este caso sólo puede escribirse en una palabra.
Fuimos al bar en el entretanto.
Locución conjuntiva: *entretanto que/ entre tanto que*. Cuando es locución puede escribirse en una o en dos palabras + la conjunción *que.*
Entretanto/ entre tanto que llegas, nosotros preparamos la cena.
ENTRE TANTO: Adverbio (como *entretanto*), preferiblemente escrito en dos palabras.

Yo voy a comprar el pan, entre tanto tú vete haciendo café.
Locución conjuntiva (como *entretanto que*).
Entre tanto que acabas los deberes, yo voy preparándote la cena.

entretener: Verbo irregular, se conjuga como 'tener'.

entristecer: Verbo irregular, se conjuga como 'abastecer'.

entrometer: Sinónimo de *entremeter*.

entumecer: Verbo irregular, se conjuga como 'abastecer'.

envejecer: Verbo irregular, se conjuga como 'abastecer'.

envilecer: Verbo irregular, se conjuga como'abastecer'.

envolver: Verbo irregular, se conjuga como 'mover'.

enzima: El género es 'ambiguo' según el *Diccionario* de la RAE; por consiguiente, puede usarse como masculino y como femenino.

equivaler: Verbo irregular, se conjuga como 'valer'.

erguir: Verbo irregular.

INDICATIVO

Presente	*Pretérito perfecto compuesto*
irgo/ yergo	he erguido
irgues/ yergues	has erguido
irgue/ yergue	ha erguido
erguimos	hemos erguido
erguís	habéis erguido
irguen/ yerguen	han erguido

Pretérito imperfecto	*Pretérito pluscuamperfecto*
erguía	había erguido
erguías	habías erguido

erguía	había erguido
erguíamos	habíamos erguido
erguíais	habíais erguido
erguían	habían erguido
Pret. Perf. Simple/Indef.	*Pretérito anterior*
erguí	hube erguido
erguiste	hubiste erguido
irguió	hubo erguido
erguimos	hubimos erguido
erguisteis	hubisteis erguido
irguieron	hubieron erguido
Futuro simple	*Futuro compuesto*
erguiré	habré erguido
erguirás	habrás erguido
erguirá	habrá erguido
erguiremos	habremos erguido
erguiréis	habréis erguido
erguirán	habrán erguido
Condicional simple	*Condicional compuesto*
erguiría	habría erguido
erguirías	habrías erguido
erguiría	habría erguido
erguiríamos	habríamos erguido
erguiríais	habríais erguido
erguirían	habrían erguido
SUBJUNTIVO	
Presente	*Pretérito perfecto*
irga/ yerga	haya erguido
irgas/ yergas	hayas erguido
irga/ yerga	haya erguido
irgamos/ yergamos	hayamos erguido
irgáis/ yergáis	hayáis erguido
irgan/ yergan	hayan erguido
Pretérito imperfecto	*Pretérito pluscuamperfecto*
irguiera/ irguiese	hubiera/ hubiese erguido
irguieras/ irguieses	hubieras/ hubieses erguido

irguiera/ irguiese	hubiera/ hubiese erguido
irguiéramos/ irguiésemos	hubiéramos/ hubiésemos erguido
irguierais/ irguieseis	hubierais/ hubieseis erguido
irguieran/ irguiesen	hubieran/ hubiesen erguido

Futuro simple	*Futuro compuesto*
irguiere	hubiere erguido
irguieres	hubieres erguido
irguiere	hubiere erguido
irguiéremos	hubiéremos erguido
irguiereis	hubiereis erguido
irguieren	hubieren erguido

IMPERATIVO
irgue/ yergue
irga/ yerga
erguid
irgan/ yergan

FORMAS NO PERSONALES

Infinitivo: erguir	Infinitivo compuesto: haber erguido
Gerundio: irguiendo	Gerundio compuesto: habiendo erguido
Participio: erguido	

erradicar: No debe confundirse este verbo con *radicar*, pues no tienen nada que ver el uno con el otro.
Erradicar: 'Arrancar de raíz'.

errar: Verbo irregular.

INDICATIVO

Presente	*Pretérito perfecto compuesto*
yerro	he errado
yerras	has errado
yerra	ha errado
erramos	hemos errado
erráis	habéis errado
yerran	han errado

Pretérito imperfecto	*Pretérito pluscuamperfecto*
erraba	había errado
errabas	habías errado
erraba	había errado
errábamos	habíamos errado
errabais	habíais errado
erraban	habían errado

Pret. Perf. Simple/Indef.	*Pretérito anterior*
erré	hube errado
erraste	hubiste errado
erró	hubo errado
erramos	hubimos errado
errasteis	hubisteis errado
erraron	hubieron errado

Futuro simple	*Futuro compuesto*
erraré	habré errado
errarás	habrás errado
errará	habrá errado
erraremos	habremos errado
errareis	habréis errado
errarán	habrán errado

Condicional simple	*Condicional compuesto*
erraría	habría errado
errarías	habrías errado
erraría	habría errado
erraríamos	habríamos errado
erraríais	habríais errado
errarían	habrían errado

SUBJUNTIVO

Presente	*Pretérito perfecto compuesto*
yerre	haya errado
yerres	hayas errado
yerre	haya errado
erremos	hayamos errado
erréis	hayáis errado
yerren	hayan errado

Pretérito imperfecto	*Pretérito pluscuamperfecto*
errara/ errase	hubiera/ hubiese errado
erraras/ errases	hubieras/ hubieses errado
errara/ errase	hubiera/ hubiese errado
erráramos/ erraseis	hubiéramos/ hubiésemos errado
errarais/ erraseis	hubierais/ hubieseis errado
erraran/ errasen	hubieran/ hubiesen errado

Futuro simple	*Futuro compuesto*
errare	hubiere errado
errares	hubieres errado
errare	hubiere errado
erráremos	hubiéremos errado
errareis	hubiereis errado
erraran	hubieren errado

IMPERATIVO
yerra
yerre
errad
yerren

FORMAS NO PERSONALES
Infinitivo simple: errar Infinitivo compuesto: haber errado
Gerundio simple: errando Gerundio compuesto: habiendo errado
Participio: errado

eructo: No debe decirse ni escribirse **erupto*. Lo correcto es *eructo*.

escabullir: Verbo irregular, se conjuga como 'mullir'.

escalabrar: Sinónimo de *descalabrar*.

escáner: El plural de *escáner* es *escáneres*.

escarmentar: Verbo irregular, se conjuga como 'calentar'.

escéptico: Es un error escribir o decir **excéptico*. Lo correcto es *escéptico*.

esclarecer: Verbo irregular, se conjuga como 'abastecer'.

escocer: Verbo irregular, se conjuga como 'cocer'.

escornar: Es preferible decir o escribir *descornar*.

escribir: Sigue la conjugación regular, pero el participio es irregular: escrito.

ese/ esa: No llevan tilde cuando son determinantes, es decir, cuando acompañan a alguna palabra en la oración.
Ese libro está muy viejo.
Ese casco es de Ana.
Esa casa es blanca.
Esa puerta está rota.

ése/ ésa: Llevan tilde cuando son pronombres, es decir, cuando no acompañan a palabra alguna en la oración. Aunque puede prescindirse de tal tilde si no hay duda de que es pronombre, es perfectamente admisible poner la tilde siempre que sea pronombre.
Ése es mi tío.
Ése es mi abuelo
Ésa es mi hermana.
Ésa es una niña muy lista.
El plural es:
ése_ ésos
ésa_ ésas
Ésas son unas sinvergüenzas.
Ésos son unos ladrones.
Ésas son las zapatillas que yo quería.
Ésos son los zapatos que le pedí a Jaime.

esforzar: Verbo irregular, se conjuga como 'acordar'.

eso: Nunca lleva tilde, porque no puede confundirse con determinante alguno, ya que no existe un determinante demostrativo neutro.
Eso es lo que yo quiero.
Eso es una tontería.

Eso es.
Eso lo dirás tú.

especia: 'Sustancia vegetal aromática que sirve de condimento'.
No debe confundirse con la palabra *especie*.

espécimen: Es frecuente la pronunciación de esta palabra de forma errónea: **especimen*, es decir como si el acento recayera sobre la *i*. El acento recae sobre la segunda *é: espécimen*, y por lo tanto así es como debe pronunciarse y escribirse.
El plural de *espécimen* es *especímenes*.

espirar: No debe confundirse esta palabra con *expirar*, pues significan cosas diferentes.
Espirar: 'Exhalar'.
Expirar: 'Morir'.

espurio: En bastantes ocasiones encontramos **espúreo* en lugar de *espurio*. No obstante, la forma correcta es *espurio*.

ésta/ esta: Pronombre o determinante demostrativo.
– Cuando es pronombre, es decir, cuando no acompaña a palabra alguna en la oración llevará tilde: *ésta*, aunque puede no llevarla si no es susceptible de confusión. La llevará obligatoriamente si puede confundirse con el determinante. De todas formas, en ningún caso será incorrecto acentuar *ésta* si es pronombre. Así que en caso de duda, si *ésta* es pronombre es preferible poner la tilde.
Ésta es mi casa.
Ésta es la niña de la que te he hablado.
Ésta es la verdad.
– Cuando *esta* es determinante nunca llevará tilde. Y es determinante siempre que acompaña a un sustantivo.
Esta casa es mía.

Esta niña es mi hija.
Esta situación me está poniendo muy nerviosa.

establecer: Verbo irregular, se conjuga como 'abastecer'.

estalactita: Es incorrecto decir o escribir esta palabra así: **es-talagtita*. Hay que escribir y decir *estalactita*.

estalagmita: No debe decirse ni escribirse **estalacmita*. Lo correcto es: *estalagmita*.

estar: Verbo irregular.

INDICATIVO

Presente	*Pretérito perfecto compuesto*
estoy	he estado
estás	has estado
está	ha estado
estamos	hemos estado
estáis	habéis estado
están	han estado

Pretérito imperfecto	*Pretérito pluscuamperfecto*
estaba	había estado
estabas	habías estado
estaba	había estado
estábamos	habíamos estado
estabais	habíais estado
estaban	habían estado

Pret. Perf. Simple/Indef.	*Pretérito anterior*
estuve	hube estado
estuviste	hubiste estado
estuvo	hubo estado
estuvimos	hubimos estado
estuvisteis	hubisteis estado
estuvieron	hubieron estado

Futuro simple	*Futuro compuesto*
estaré	habré estado
estarás	habrás estado
estará	habrá estado
estaremos	habremos estado
estaréis	habréis estado
estarán	habrán estado

Condicional simple	*Condicional compuesto*
estaría	habría estado
estarías	habrías estado
estaría	habría estado
estaríamos	habríamos estado
estaríais	habríais estado
estarían	habrían estado

SUBJUNTIVO

Presente	*Pretérito perfecto*
esté	haya estado
estés	hayas estado
esté	haya estado
estemos	hayamos estado
estéis	hayáis estado
estén	hayan estado

Pretérito imperfecto	*Pretérito pluscuamperfecto*
estuviera/ estuviese	hubiera/ hubiese estado
estuvieras/ estuvieses	hubieras/ hubieses estado
estuviera/ estuviese	hubiera/ hubiese estado
estuviéramos/ estuviésemos	hubiéramos/ hubiésemos estado
estuvierais/ estuvieseis	hubierais/ hubieseis estado
estuvieran/ estuviesen	hubieran/ hubiesen estado

Futuro simple	*Futuro compuesto*
estuviere	hubiere estado
estuvieres	hubieres estado
estuviere	hubiere estado
estuviéremos	hubiéremos estado
estuviereis	hubiereis estado
estuvieren	hubieren estado

IMPERATIVO
está
esté
estad
estén

FORMAS NO PERSONALES

Infinitivo: estar	Infinitivo compuesto: haber estado
Gerundio: estando	Gerundio compuesto: habiendo estado
Participio: estado	

estas/ éstas: Plural del pronombre o determinante demostrativo *esta*.
– Cuando es pronombre lleva tilde. Y es pronombre cuando no acompaña a palabra alguna en la oración. No obstante puede no llevarlo si no es susceptible de confusión. Sin embargo, nunca será incorrecto poner tilde a *éstas* si es pronombre.
Éstas son las buenas.
Éstas parecen sanas.
– Cuando es determinante nunca lleva tilde. Y es determinante cuando acompaña a otra palabra.
Estas niñas son muy tontas.
Estas manzanas están podridas.
Estas casas son muy altas.

este/ éste: Pronombre o determinante demostrativo.
– Cuando es pronombre lleva tilde. Y es pronombre cuando va solo, es decir, cuando no acompaña a palabra alguna en la oración. Puede no llevar tilde si no es susceptible de confusión, es decir si no hay duda de que es pronombre. No obstante, nunca será incorrecto poner tilde al pronombre demostrativo *éste*, siempre y cuando sea pronombre.
Éste es mi padre.
Éste es un buen vino.
Éste es el árbol que plantamos ayer.
– Cuando este es determinante, es decir cuando acompaña a una palabra, nunca lleva tilde.
Este hombre me ha insultado.

Este examen es muy fácil.
Este año no saldrás tanto por la noche.

estremecer: Verbo irregular, se conjuga como 'abastecer'.

estreñir: Verbo irregular, se conjuga como 'ceñir'.

etcétera: Debe decirse y escribirse *etcétera*, es decir, pronunciando y/o escribiendo siempre la *t* que precede a la *c*. Hay que evitar la siguiente forma: **ecétera*.

eusquera/ euskera: Ambas formas son correctas.

exactamente: Hay que evitar la pronunciación **esactamente*, pues no es una *s* lo que sigue a la primera *e* sino una *x*. Lo mismo sucede con *exacto, exactitud...* Debe evitarse también la siguiente forma: *esatamente*, pues además de la *x*, hay una *c* ante *t*: *exactamente*.

excluir: Verbo irregular, se conjuga como 'afluir'. Dos participios: regular_ excluido; irregular_ excluso.

exiliar: Es frecuente escuchar *exilado* en lugar de *exiliado*. No obstante, lo correcto es *exiliado*, pues el verbo es *exiliar*. Para que fuera correcto *exilado* el verbo tendría que ser *exilar*.

eximir: Verbo regular, pero dos participios: regular_ eximido; irregular_ exento.

expedir: Verbo irregular, se conjuga como 'medir'.

explotar: Es preferible, a pesar de que este verbo está admitido, el uso del verbo *explosionar*.

exponer: Verbo irregular, se conjuga como 'poner'.

extender: Verbo irregular, se conjuga como 'tender'. Dos participios: regular_ extendido; irregular_ extenso.

extraer: Verbo irregular, se conjuga como 'traer'.

extravertido: La forma correcta es *extravertido/a*, aunque la RAE contemple la otra forma, más habitual pero no tan correcta: *extrovertido*. El prefijo es *extra* y no *extro* por lo que lo más correcto es *extravertido/a*.

F

fagot: El plural es *fagotes* y no **fagots*.

falacia: 'Engaño, fraude o mentira con que se intenta dañar a otro'.
Es el significado señalado el único con el que debe emplearse la palabra *falacia*.

fallecer: Verbo irregular, se conjuga como 'abastecer'.

favorecer: Verbo irregular, se conjuga como 'abastecer'.

femineidad/ feminidad: Ambas palabras son correctas.

fenecer: Verbo irregular, se conjuga como 'abastecer'.

fénix: El plural de esta palabra es igual: *fénix*.

film/ filme: Pueden usarse ambas palabras, pues son correctas las dos. El plural de *film* y *filme* es *filmes*.

florecer: Verbo irregular, se conjuga como 'abastecer'.

fluir: Verbo irregular, se conjuga como 'afluir'.

fórceps: Debe evitarse la forma **forces*, pues lo correcto es *fórceps*. No hay que olvidar que existe una *p* entre la *e* y la *s* que hay que pronunciar. Esta palabra es igual en singular y en plural: *fórceps*.

fortalecer: Verbo irregular, se conjuga como 'abastecer'.

forzar: Verbo irregular, se conjuga como 'acordar'.

fregar: Verbo irregular, se conjuga como 'abnegar'.
Hay que evitar las formas siempre incorrectas **frego, *fregas, *frega...* Es un verbo irregular y su conjugación es: *friego, friegas, friega...*

freído: Es uno de los dos participios del verbo *freír*. El otro participio es *frito*.

freír: Verbo irregular, se conjuga como 'reír'.
Dos participios: regular_ freído; irregular_ frito.

friegaplatos: Así es como debe decirse y escribirse: *friegaplatos*. En ningún caso **fregaplatos*.

fuera: La diferencia entre *fuera* y *afuera* está explicada en la palabra *afuera*, que se encuentra en la A de este diccionario.

fútil: La tilde recae sobre la *ú*, luego la pronunciación ha de respetar dicha tilde.

G

garaje: Esta palabra se escribe con *j* en *-aje*, porque todas las palabras (salvo contadas excepciones) que terminan en *-aje* han de escribirse con *j*, no con *g*.

gasoducto: No debe confundirse esta palabra con la forma incorrecta, aunque habitual: **gaseoducto*. Lo correcto es *gasoducto*.

gemir: Verbo irregular, se conjuga como 'medir'.

gimnasia: Hay que evitar la pronunciación **ginnasia*. No debe perderse la *m: gi**m**nasia*.
Igual sucede con *gimnasta, gimnasio...*

gladíolo/ gladiolo: Ambas formas son correctas.

gobernar: Verbo irregular, se conjuga como 'calentar'.

grabar: Este verbo con frecuencia se confunde con *gravar*, pues el hecho de que suenen igual *grabar* y *gravar* provoca el error a la hora de escribir uno y otro verbo. La diferencia entre ambos verbos es la siguiente:
GRABAR:
– 'Señalar con incisión o abrir y labrar en hueco o en relieve sobre una superficie un letrero, una figura o una representación'.
Tienes que llevar a grabar la medallita que te regalaron.
– 'Captar y almacenar imágenes o sonidos por medio de un disco una cinta magnética u otro procedimiento, de manera que se puedan reproducir'.
Tengo que grabarte el último disco de Tina Turner.
– 'Fijar profundamente en el ánimo un concepto, un sentimiento o un recuerdo'.
Espero que hayas sabido grabar en tu corazón este amor que te he dado.

GRAVAR:
'Cargar, pesar sobre alguien o algo. Imponer un gravamen'.
¿Crees que me va a gravar en la declaración de este año la compra de esta casa?

gratis: Debe evitarse la expresión **de gratis*.
INCORRECTO: *La camisa de Marta me ha salido *de gratis.*
CORRECTO: *La camisa de Marta me ha salido gratis.*

gravar: Ver *grabar.*

gruñir: Verbo irregular, se conjuga como 'mullir'.

gü: La diéresis (¨) se escribe cuando tras *gu* hay una *e* o *i*, y la *u (gü)* debe pronunciarse.
lingüística , paragüero, vergüenza, pingüino, antigüedad.

guardaespaldas: Esta palabra no varía de número, es decir que permanece igual en singular y en plural.
El guardaespaldas de Fernando es un hombre muy fuerte.
Los guardaespaldas que hay en la entrada de tu casa están siempre muy serios.

guardapolvo: Cuando es singular se usa *guardapolvo* y no *guardapolvos. Guardapolvos* sólo se empleará cuando sea plural.

guardia civil: El plural de esta palabra es *guardias civiles.* Son incorrectas las formas: **guardia civiles/ *guardiaciviles.*

guarecer: Verbo irregular, se conjuga como 'abastecer'.

guarnecer: Verbo irregular, se conjuga como 'abastecer'.

H

ha: Verbo *haber.*
*Juana **ha** hecho los deberes en una hora.*
*Verónica **ha** lavado todos los platos.*
*Sara **ha** comido muy bien.*
*Luis **ha** ido solo a casa de su amigo Rodolfo.*
No debe confundirse *ha* con la preposición *a.*
Iré a Madrid.
Vine a verte.
Compré a Juan un coche.
Por lo tanto si es verbo se escribe con *h: ha*, y si es preposición se escribe sin *h: a.*

haber: Verbo irregular.

INDICATIVO

Presente	*Pretérito perfecto compuesto*
he	he habido
has	has habido
ha	ha habido
hemos	hemos habido
habéis	habéis habido
han	han habido

Pretérito imperfecto	*Pretérito pluscuamperfecto*
había	había habido
habías	habías habido
había	había habido
habíamos	habíamos habido
habíais	habíais habido
habían	habían habido

Pret. Perf. Simple/Indef.	*Pretérito anterior*
hube	hube habido
hubiste	hubiste habido
hubo	hubo habido
hubimos	hubimos habido
hubisteis	hubisteis habido
hubieron	hubieron habido

Futuro simple	*Futuro compuesto*
habré	habré habido
habrás	habrás habido
habrá	habrá habido
habremos	habremos habido
habréis	habréis habido
habrán	habrán habido

Condicional simple	*Condicional compuesto*
habría	habría habido
habrías	habrías habido
habría	habría habido
habríamos	habríamos habido
habríais	habríais habido
habrían	habrían habido

SUBJUNTIVO

Presente	*Pretérito perfecto*
haya	haya habido
hayas	hayas habido
haya	haya habido
hayamos	hayamos habido
hayáis	hayáis habido
hayan	hayan habido

Pretérito imperfecto	*Pretérito pluscuamperfecto*
hubiera/ hubiese	hubiera/ hubiese habido
hubieras/ hubieses	hubieras/ hubieses habido
hubiera/ hubiese	hubiera/ hubiese habido
hubiéramos/ hubiésemos	hubiéramos/ hubiésemos habido
hubierais/ hubieseis	hubierais/ hubieseis habido
hubieran/ hubiesen	hubieran/ hubiesen habido

Futuro simple	*Futuro compuesto*
hubiere	hubiere habido
hubieres	hubieres habido
hubiere	hubiere habido
hubiéremos	hubiéremos habido
hubiereis	hubiereis habido
hubieren	hubieren habido

FORMAS NO PERSONALES

Infinitivo: haber	Infinitivo compuesto: haber habido
Gerundio: habiendo	Gerundio compuesto: habiendo habido
Participio: habido	

hablante: Es preferible usar las formas *hispanohablante, castellanohablante... etc.*, y evitar las formas *hispanoparlante, castellanoparlante... etc.*

hacendar: Verbo irregular, se conjuga como 'calentar'.

hacer: Verbo irregular.

INDICATIVO

Presente	*Pretérito perfecto compuesto*
hago	he hecho
haces	has hecho
hace	ha hecho
hacemos	hemos hecho
hacéis	habéis hecho
hacen	han hecho

Pretérito imperfecto	*Pretérito pluscuamperfecto*
hacía	había hecho
hacías	habías hecho
hacía	había hecho
hacíamos	habíamos hecho
hacíais	habíais hecho
hacían	habían hecho

Pret. Perf. Simple/Indef.	*Pretérito anterior*
hice	hubiste hecho
hiciste	hubiste hecho
hizo	hubo hecho
hicimos	hubimos hecho
hicisteis	hubisteis hecho
hicieron	hubieron hecho

Futuro simple	*Futuro compuesto*
haré	habré hecho
harás	habrás hecho

hará
haremos
haréis
harán

habrá hecho
habremos hecho
habréis hecho
habrán hecho

Condicional simple
haría
harías
haría
haríamos
haríais
harían

Condicional compuesto
habría hecho
habrías hecho
habría hecho
habríamos hecho
habríais hecho
habrían hecho

SUBJUNTIVO
Presente
haga
hagas
haga
hagamos
hagáis
hagan

Pretérito perfecto
haya hecho
hayas hecho
haya hecho
hayamos hecho
hayáis hecho
hayan hecho

Pretérito imperfecto
hiciera/ hiciese
hicieras/ hicieses
hiciera/ hiciese
hiciéramos/ hiciésemos
hicierais/ hicieseis
hicieran/ hiciesen

Pretérito pluscuamperfecto
hubiera/ hubiese hecho
hubieras/ hubieses hecho
hubiera/ hubiese hecho
hubiéramos/ hubiésemos hecho
hubierais/ hubieseis hecho
hubieran/ hubiesen hecho

Futuro simple
hiciere
hicieres
hiciere
hiciéremos
hiciereis
hicieren

Futuro compuesto
hubiere hecho
hubieres hecho
hubiere hecho
hubiéremos hecho
hubiereis hecho
hubieren hecho

IMPERATIVO
haz
haga

haced
hagan

FORMAS NO PERSONALES

Infinitivo: hacer — Infinitivo compuesto: haber hecho
Gerundio: haciendo — Gerundio compuesto: habiendo hecho
Participio: hecho

halla: No debe confundirse *halla* con *haya*.
Halla es del verbo *hallar*.
Haya es del verbo *haber*.
El que busca halla.
El que lo haya hecho que lo diga.

hambre: Es un nombre femenino. Se usa el artículo *el (el hambre)* o *un (un hambre)* ante *hambre*, porque al empezar por la letra *a* y ser tónica debe usarse *el, un*.
Tengo mucha hambre.
¡Cuánta hambre hay en el mundo!
El hambre no se solucionará así.
Tengo un hambre...

he: Del verbo 'haber'.
He deseado toda mi vida que llegase este momento.
He amado a tu hermano más de lo que jamás hayas podido imaginar.
He de ir a trabajar.
He de hacer ya mis maletas.

helar: Verbo irregular, se conjuga como 'calentar'. Verbo impersonal.

hemiplejía/ hemiplejia: Ambas formas son correctas.

henchir: Verbo irregular, se conjuga como 'medir'.

herir: Verbo irregular, se conjuga como 'adherir'.

hervir: Verbo irregular, se conjuga como 'adherir'.

hojear: 'Mover o pasar ligeramente las hojas de un libro o de un cuaderno'.
Hojea el libro con más cuidado, ¿no?
Si sigues hojeando así mi libro, te lo quito.
Este verbo puede ser confundido con *ojear*, pues ambos suenan igual, sin embargo no son verbos que signifiquen lo mismo.
Ojear: 'Mirar a alguna parte.|| Lanzar ojeadas a algo.|| Mirar superficialmente un texto'.
Ojeé la revista, pero no pude leerla.
Ya he ojeado la novela de Paco, y así, a primera vista, no me ha parecido mal.
¿Ojearás mi libro?

hola: No debe confundirse *hola* con *ola*.
HOLA: Saludo.
Hola, Verónica, ¿cómo estás?
Me dijo 'hola' y ser marchó.
Siempre saluda con un 'hola' seco y cortante que me impide ser cordial con ella.
OLA: Onda en el mar.
¿Has visto esa ola? Era inmensa, si llegamos a estar en el agua seguro que nos da un buen revolcón.
Esa ola casi me arrastra hasta la orilla.

holgar: Verbo irregular, se conjuga como 'acordar'.

horca: 'Conjunto de uno o dos palos verticales sujetos al suelo y otro horizontal del cual se cuelga por el cuello, para dar muerte a los condenados a esta pena'.
Un antepasado de Carla fue condenado a la horca.
Dicen que morir en la horca es terrible.
No debe confundirse *horca con orca.*
Orca: 'Cetáceo que llega a unos diez metros de largo, con cabeza redondeada, cuerpo robusto, boca rasgada, con 20 ó 25 dientes rectos en cada mandíbula, con aletas pectorales muy largas, alta, grande y triangular la dorsal, y cola de más de un metro de anchura'.

La orca es un animal peligroso.
Las ballenas temen a las orcas.
Las orcas persiguen a las ballenas y a las focas.

huir: Verbo irregular, se conjuga como 'afluir'.

humedecer: Verbo irregular, se conjuga como 'abastecer'.

I

ibero/ íbero: Ambas formas son válidas.

idiosincrasia: Son incorrectas las siguientes formas: **idiosincracia, *ideosincracia.*

iglú: El plural de *iglú* es:
iglúes
iglús
Ambas formas son válidas, aunque *iglúes* es forma más culta que *iglús.*

ilación: Nunca se escribe esta palabra con *h.*

imbuir: Verbo irregular, se conjuga como'afluir'.

impedir: Verbo irregular, se conjuga como 'medir'.

imponer: Verbo irregular, se conjuga como 'poner'.

imprimir: Verbo regular. Dos participios: regular_ imprimido; irregular_ impreso.

inaugurar: Esta palabra tiene una *u* entre *a* y *g: inau**gurar*, y no podemos suprimirla aun cuando haya ocasiones en las que esa *u* se pierda al pronunciar el verbo *inaugurar* o cualquiera de sus formas y derivados *(inauguración, inaugurado...).*
Inauguró Juan la exposición.
¿Iréis a la inauguración de mi tienda?
Inauguraremos el restaurante el mes que viene.
Estoy muy nervioso porque mañana inauguro el bar.
La fiesta de inauguración fue un éxito.

incluir: Verbo irregular, se conjuga como 'afluir'.

inclusive: No debe usarse esta palabra en plural.

indisponer: Verbo irregular, se conjuga como 'poner'.

inducir: Verbo irregular, se conjuga como 'conducir'.

inescrutable: No debe pronunciarse ni escribirse **inexcrutable*. Lo correcto es *inescrutable*.

infectar: No debe usarse *infestar* por *infectar*, ya que tienen significados diferentes.
Infectar: *Se me ha infectado la herida.*
Infestar: *La casa está infestada de hormigas.*

inferir: Verbo irregular, se conjuga como 'adherir'.

infestar: No debe confundirse este verbo con *infectar*. Ver *infectar*.

inflación: Esta palabra tiene una sola *c*, por lo que es incorrecto escribir o decir **inflacción*.

influir: Verbo irregular, se conjuga como 'afluir'.

inmiscuir: Verbo irregular, se conjuga como 'afluir'.

inquirir: Verbo irregular, se conjuga como 'adquirir'.

Insalud: Según Manuel Seco en su *Diccionario de dudas y dificultades de la lengua española* esta palabra hay que pronunciarla /insalúd/ y no /insálud/.

inscribir: Verbo regular, pero participio irregular: inscrito.

instituir: Verbo irregular, se conjuga como 'afluir'.

instruir: Verbo irregular, se conjuga como 'afluir'.

interferir: Verbo irregular, se conjuga como 'adherir'

interponer: Verbo irregular, se conjuga como 'poner'.

intervenir: Verbo irregular, se conjuga como 'venir'.

introducir: Verbo irregular, se conjuga como 'conducir'.

intuir: Verbo irregular, se conjuga como 'afluir'.

invertir: Verbo irregular, se conjuga como 'adherir'.

investir: Verbo irregular, se conjuga como 'medir'.

ir: Verbo irregular.

INDICATIVO

Presente	*Pretérito perfecto compuesto*
voy	he ido
vienes	has ido
viene	ha ido
venimos	hemos ido
venís	habéis ido
vienen	han ido

Pretérito imperfecto	*Pretérito pluscuamperfecto*
iba	había ido
ibas	habías ido
iba	había ido
íbamos	habíamos ido
ibais	habíais ido
iban	habían ido

Futuro simple	*Futuro compuesto*
iré	habré ido
irás	habrás ido
irá	habrá ido
iremos	habremos ido
iréis	habréis ido
irán	habrán ido

Condicional simple	*Condicional compuesto*
iría	habría ido
irías	habrías ido
iría	habría ido
iríamos	habríamos ido
iríais	habríais ido
irían	habrían ido

SUBJUNTIVO

Presente	*Pretérito perfecto*
vaya	haya ido
vayas	hayas ido
vaya	haya ido
vayamos	hayamos ido
vayáis	hayáis ido
vayan	hayan ido

Pretérito imperfecto	*Pretérito pluscuamperfecto*
fuera/ fuese	hubiera/ hubiese ido
fueras/ fueses	hubieras/ hubieses ido
fuera/ fuese	hubiera/ hubiese ido
fuéramos/ fuésemos	hubiéramos/ hubiésemos ido
fuerais/ fuesen	hubierais/ hubieseis ido
fueran/ fuesen	hubieran/ hubiesen ido

Futuro simple	*Futuro compuesto*
fuere	hubiere ido
fueres	hubieres ido
fuere	hubiere ido
fuéremos	hubiéremos ido
fuereis	hubiereis ido
fueren	hubieren ido

IMPERATIVO
ve
vaya
id
vayan

FORMAS NO PERSONALES

Infinitivo: ir	Infinitivo compuesto: haber ido
Gerundio: yendo	Gerundio compuesto: habiendo ido
Participio: ido	

isóbara/ isobara: Ambas formas son válidas.

Ítaca: Esta palabra tiene tilde en la í, por lo que así es como ha de pronunciarse: *Ítaca*.

izo: Del verbo *izar*.
Izo la bandera todas las mañanas.
Izo la bandera desde el mes de mayo.
No debe confundirse con *hizo* que es una forma del verbo hacer.
Hizo su maleta y se fue.
Hizo el examen y volvió a su casa.

J

jabalí: El plural de esta palabra es *jabalíes*.

jugar: Verbo irregular.

INDICATIVO

Presente
juego
juegas
juega
jugamos
jugáis
juegan

Pretérito perfecto compuesto
he jugado
has jugado
ha jugado
hemos jugado
habéis jugado
han jugado

Pretérito imperfecto
jugaba
jugabas
jugaba
jugábamos
jugabais
jugaban

Pretérito pluscuamperfecto
había jugado
habías jugado
había jugado
habíamos jugado
habíais jugado
habían jugado

Pret. Perf. Simple
jugué
jugaste
jugó
jugamos
jugasteis
jugaron

Pretérito anterior
hube jugado
hube jugado
hubiste jugado
hubimos jugado
hubisteis jugado
hubieron jugado

Futuro simple
jugaré
jugarás
jugará
jugaremos
jugaréis
jugarán

Futuro compuesto
habré jugado
habrás jugado
habrá jugado
habremos jugado
habréis jugado
habrán jugado

Condicional simple
jugaría
jugarías

Condicional compuesto
habría jugado
habrías jugado

jugaría	habría jugado
jugaríamos	habríamos jugado
jugaríais	habríais jugado
jugarían	habrían jugado

SUBJUNTIVO

Presente	*Pretérito perfecto*
juegue	haya jugado
juegues	hayas jugado
juegue	haya jugado
juguemos	hayamos jugado
juguéis	hayáis jugado
jueguen	hayan jugado

Pretérito imperfecto	*Pretérito pluscuamperfecto*
jugara/ jugase	hubiera/ hubiese jugado
jugaras/ jugases	hubieras/ hubieses jugado
jugara/ jugase	hubiera/ hubiese jugado
jugáramos/ jugásemos	hubiéramos/ hubiésemos jugado
jugarais/ jugaseis	hubierais/ hubieseis jugado
jugaran/ jugasen	hubieran/ hubiesen jugado

Futuro simple	*Futuro compuesto*
jugare	hubiere jugado
jugares	hubieres jugado
jugare	hubiere jugado
jugáremos	hubiéremos jugado
jugareis	hubiereis jugado
jugaren	hubieren jugado

IMPERATIVO

juega
juegue
jugad
jueguen

FORMAS NO PERSONALES

Infinitivo simple: jugar	Infinitivo compuesto: haber jugado
Gerundio simple: jugando	Gerundio compuesto: habiendo jugado
Participio: jugado	

K

kaki: Es preferible el uso de *caqui*.
¿Te has comido tú el caqui que quedaba?
La chaqueta que te he comprado es verde caqui.

kárate/ karate: Ambas son válidas.

L

languidecer: Verbo irregular, se conjuga como 'abastecer'.

lapso: No es lo mismo *lapso* que *lapsus*.
Lapso: 'Paso o transcurso'.
Lapsus: 'Error'.
Tras un lapso (espacio) de tiempo, lo recordó todo.
Perdona, ha sido un lapsus (error/ equivocación).

lapsus: 'Error'.
No debe confundirse *lapsus* con *lapso* (ver *lapso*).

leer: Verbo irregular.

INDICATIVO

Presente	*Pretérito perfecto compuesto*
leo	he leído
lees	has leído
lee	ha leído
leemos	hemos leído
leéis	habéis leído
leen	han leído

Pretérito imperfecto	*Pretérito pluscuamperfecto*
leía	había leído
leías	habías leído
leía	había leído
leíamos	habíamos leído
leíais	habíais leído
leían	habían leído

Pret. Perf. Simple/Indef.	*Pretérito anterior*
leí	hube leído
leíste	hubiste leído
leyó	hubo leído
leímos	hubimos leído
leísteis	hubisteis leído
leyeron	hubieron leído

Futuro simple	*Futuro compuesto*
leeré	habré leído
leerás	habrás leído
leerá	habrá leído
leeremos	habremos leído
leeréis	habréis leído
leerán	habrán leído

Condicional simple	*Condicional compuesto*
leería	habría leído
leerías	habrías leído
leería	habría leído
leeríamos	habríamos leído
leeríais	habríais leído
leerían	habrían leído

SUBJUNTIVO

Presente	*Pretérito perfecto compuesto*
lea	haya leído
leas	hayas leído
lea	haya leído
leamos	hayamos leído
leáis	hayáis leído
lean	hayan leído

Pretérito imperfecto	*Pretérito pluscuamperfecto*
leyera/ leyese	hubiera/ hubiese leído
leyeras/ leyeses	hubieras/ hubieses leído
leyera/ leyese	hubiera/ hubiese leído
leyéramos/ leyésemos	hubiéramos/ hubiésemos leído
leyerais/ leyeseis	hubierais/ hubieseis leído
leyeran/ leyesen	hubieran/ hubiesen leído

Futuro simple	*Futuro compuesto*
leyere	hubiere leído
leyeres	hubieres leído
leyere	hubiere leído
leyéremos	hubiéremos leído
leyereis	hubiereis leído
leyeren	hubieren leído

IMPERATIVO
lee
lea
leed
lean

FORMAS NO PERSONALES

Infinitivo: leer	Infinitivo compuesto: haber leído
Gerundio: leyendo	Gerundio compuesto: habiendo leído
Participio: leído	

libido: No deben confundirse *libido* y *lívido*. Son palabras diferentes.
LIBIDO: 'Deseo sexual'.
Ese medicamento hace disminuir la libido.
LÍVIDO: 'Pálido'.
Cuando vi a Juana en la fiesta me quedé lívido.
Se quedó lívido.

lucir: Verbo irregular.

INDICATIVO

Presente	*Pretérito perfecto compuesto*
luzco	he lucido
luces	has lucido
luce	ha lucido
lucimos	hemos lucido
lucís	habéis lucido
lucen	han lucido

Pretérito imperfecto	*Pretérito pluscuamperfecto*
lucía	había lucido
lucías	habías lucido
lucía	había lucido
lucíamos	habíamos lucido
lucíais	habíais lucido
lucían	habían lucido

Pret. Perf. Simple/Indef.	*Pretérito anterior*
lucí	hube lucido
luciste	hubiste lucido

lució	hubo lucido
lucimos	hubimos lucido
lucisteis	hubisteis lucido
lucieron	hubieron lucido
Futuro simple	*Futuro compuesto*
luciré	habré lucido
lucirás	habrás lucido
lucirá	habrá lucido
luciremos	habremos lucido
luciréis	habréis lucido
lucirán	habrán lucido
Condicional simple	*Condicional compuesto*
luciría	habría lucido
lucirías	habrías lucido
luciría	habría lucido
luciríamos	habríamos lucido
luciríais	habríais lucido
lucirían	habrían lucido
SUBJUNTIVO	
Presente	*Pretérito perfecto*
luzca	haya lucido
luzcas	hayas lucido
luzca	haya lucido
luzcamos	hayamos lucido
luzcáis	hayáis lucido
luzcan	hayan lucido
Pretérito imperfecto	*Pretérito pluscuamperfecto*
luciera/ luciese	hubiera/ hubiese lucido
lucieras/ lucieses	hubieras/ hubieses lucido
luciera/ luciese	hubiera/ hubiese lucido
luciéramos/ luciésemos	hubiéramos/ hubiésemos lucido
lucierais/ lucieseis	hubierais/ hubieseis lucido
lucieran/ luciesen	hubieran/ hubiesen lucido
Futuro simple	*Futuro compuesto*
luciere	hubiere lucido
lucieres	hubieres lucido

luciere	hubiere lucido
luciéremos	hubiéremos lucido
luciereis	hubiereis lucido
lucieren	hubieren lucido

IMPERATIVO
luce
luzca
lucid
luzcan

FORMAS NO PERSONALES

Infinitivo: lucir	Infinitivo compuesto: haber lucido
Gerundio: luciendo	Gerundio compuesto: habiendo lucido
Participio: lucido	

lumen: El plural de esta palabra es *lúmenes*.

llover: Verbo irregular, se conjuga como 'mover'. Verbo impersonal.

M

magacín: Así recoge el *Diccionario de la Real Academia Española* la palabra *magazine*, es decir en su forma españolizada: *magacín*.

magnetófono/ magnetofón: 'Es preferiblc, sin duda, la forma *magnetófono* a *magnetofón*' (**Manuel Seco**, *Diccionario de dudas y dificultades de la lengua española*).

maldecir: Verbo irregular, se conjuga como 'decir'.
Participios: regular_ maldecido; irregular_ maldito.

maleducado/ mal educado: MALEDUCADO:
– Adjetivo: 'Malcriado'.
¡Qué maleducado es ese crío!
Es un maleducado y su madre ni se entera, pues nunca le dice nada.
– Verbo'maleducar':
Has maleducado al niño, no lo niegues.
Si no hubieseis maleducado tanto a vuestro hijo no tendríais ahora los problemas que tenéis.
MAL EDUCADO: Se puede escribir separado cuando es adjetivo.
Es un auténtico mal educado (maleducado).
No puedo soportar a Sergio; es un mal educado (maleducado).

malentender: Verbo irregular, se conjuga como 'tender'.

malentendido: El plural de esta palabra es *malentendidos*. Es incorrecta la forma: **malos entendidos*.

malherir: Verbo irregular, se conjuga como 'adherir'.

malla: Diferencia entre *malla* y *maya*.
MALLA: 'Red. ||Vestido de tejido de punto muy fino que, ajustado al cuerpo, usan en sus actuaciones los artistas de circo, bailarinas, etc.'.

Me pondré una malla negra para la actuación de esta noche.
¿Vas a ponerte una malla blanca para la competición de mañana?
MAYA:
Conozco una hermosa leyenda maya.
Mi padre era un especialista en la cultura maya.
¿Sabes algo de la historia del pueblo maya?

manifestar: Verbo irregular, se conjuga como 'calentar'.

mantener: Verbo irregular, se conjuga como 'tener'.

maratón: El género de esta palabra es masculino, por tanto es incorrecto decir o escribir: **la maratón*. Lo correcto es: *el maratón*.

maremágnum: Es preferible escribir esta palabra de esta manera, es decir en una sola palabra.

margen: Dependiendo de si usamos esta palabra como masculino o femenino el significado será uno u otro.
La margen (del río): femenino.
Te espero en la margen derecha del río.
Margen: masculino.
Respeta siempre el margen del folio.

mas/ más: Mas: conjunción.
Fui, mas ellos prefirieron ignorarme.
Lo haré, mas no puedo asegurarte que consiga algo.
Más: adverbio de cantidad.
Dame más carne, por favor.
Quiero un poco más.

maya: Diferencia entre *maya* y *malla*: ver *malla*.

mayonesa: Es correcta también la grafía y la pronunciación: *mahonesa*.
La palabra que no debe usarse con este significado es *bayonesa*.

mediodía/medio día: MEDIODÍA Nombre: 'Momento en que está el Sol en el punto más alto de su elevación sobre el horizonte.|| Período de extensión imprecisa alrededor de las doce de la mañana'.

Se ha decidido que los viernes acabaremos de trabajar a mediodía.

Siempre vuelvo a casa a mediodía para comer con mi familia, aunque luego tenga que volver al trabajo.

Me encanta pasear a mediodía, porque las calles están desiertas.

MEDIO DÍA: Adjetivo *(medio)* + nombre *(día)*.

Tienes solamente medio día para estudiar.

¿Y qué quieres que haga con sólo medio día de plazo?

En medio día es imposible que tenga preparado ese proyecto; es demasiado trabajo.

medir: Verbo irregular.

INDICATIVO

Presente	*Pretérito perfecto compuesto*
mido	he medido
mides	has medido
mide	ha medido
medimos	hemos medido
medís	habéis medido
miden	han medido

Pretérito imperfecto	*Pretérito pluscuamperfecto*
medía	había medido
medías	habías medido
medía	había medido
medíamos	habíamos medido
medíais	habíais medido
medían	habían medido

Pret. Perf. Simple/Indef.	*Pretérito anterior*
medí	hube medido
mediste	hubiste medido
midió	hubo medido

medimos	hubimos medido
medisteis	hubisteis medido
midieron	hubieron medido
Futuro simple	*Futuro compuesto*
mediré	habré medido
medirás	habrás medido
medirá	habrá medido
mediremos	habremos medido
mediréis	habréis medido
medirán	habrán medido
Condicional simple	*Condicional compuesto*
mediría	habría medido
medirías	habrías medido
mediría	habría medido
mediríamos	habríamos medido
mediríais	habríais medido
medirían	habrían medido
SUBJUNTIVO	
Presente	*Pretérito perfecto*
mida	haya medido
midas	hayas medido
mida	haya medido
midamos	hayamos medido
midáis	hayáis medido
midan	hayan medido
Pretérito imperfecto	*Pretérito pluscuamperfecto*
midiera/ midiese	hubiera/ hubiese medido
midieras/ midieses	hubieras/ hubieses medido
midiera/ midiese	hubiera/ hubiese medido
midiéramos/ midiésemos	hubiéramos/ hubiésemos medido
midierais/ midieseis	hubierais/ hubieseis medido
midieran/ midiesen	hubieran/ hubiesen medido
Futuro simple	*Futuro compuesto*
midiere	hubiere medido
midieres	hubieres medido

midiere
midiéremos
midiereis
midieren

hubiere medido
hubiéremos medido
hubiereis medido
hubieren medido

IMPERATIVO
mide
mida
medid
midan

FORMAS NO PERSONALES
Infinitivo: medir
Gerundio: midiendo
Participio: medido

Infinitivo compuesto: haber medido
Gerundio compuesto: habiendo medido

memorándum: El plural de *memorándum* es *memorándum.* No varía pues la palabra: *el/ los memorándum.* Evítese la forma **memorándums.*

mentar: Verbo irregular, se conjuga 'calentar'.

mentir: Verbo irregular, se conjuga como 'adherir'.

merecer: Verbo irregular, se conjuga como 'abastecer'.

merendar: Verbo irregular, se conjuga como 'calentar'.

meteorología: Es erróneo decir y escribir **metereología.* Lo correcto es: *meteorología.*

mi/ mí: *Mí*: pronombre personal.
Eso es para mí.
Dame las camisas a mí.
Me lo prometiste a mí.
Mi: determinante posesivo.
Mi casa es tu casa.
Mi vecina protesta constantemente.
Mi problema es que olvido todo.

miasma: El género de esta palabra es masculino: *el miasma/ los miasmas.*

mío/ mía: Hay que evitar las construcciones del siguiente tipo:
*Iré delante *tuya/ tuyo.*
*Fui detrás *suya/ suyo.*
Lo correcto es:
Iré delante de ti.
Fui detrás de él/ ella.

mitin: Su plural es *mítines.*

moler: Verbo irregular, se conjuga como 'mover'.

morder: Verbo irregular, se conjuga como 'mover'.

morir: Verbo irregular, se conjuga como 'dormir'. Participio irregular: muerto.

mostrar: Verbo irregular, se conjuga como 'acordar'.

mover: Verbo irregular.

INDICATIVO

Presente	*Pretérito perfecto compuesto*
muevo	he movido
mueves	has movido
mueve	ha movido
movemos	hemos movido
movéis	habéis movido
mueven	han movido

Pretérito imperfecto	*Pretérito pluscuamperfecto*
movía	había movido
movías	habías movido
movía	había movido
movíamos	habíamos movido
movíais	habíais movido
movían	habían movido

Pret. Perf. Simple	*Pretérito anterior*
moví	hube movido
moviste	hubiste movido
movió	hubo movido
movimos	hubimos movido
movisteis	hubisteis movido
movieron	hubieron movido

Futuro simple	*Futuro compuesto*
moveré	habré movido
moverás	habrás movido
moverá	habrá movido
moveremos	habremos movido
moveréis	habréis movido
moverán	habrán movido

Condicional simple	*Condicional compuesto*
movería	habría movido
moverías	habrías movido
movería	habría movido
moveríamos	habríamos movido
moveríais	habríais movido
moverían	habrían movido

SUBJUNTIVO

Presente	*Pretérito perfecto*
mueva	haya movido
muevas	hayas movido
mueva	haya movido
movamos	hayamos movido
mováis	hayáis movido
muevan	hayan movido

Pretérito imperfecto	*Pretérito pluscuamperfecto*
moviera/ moviese	hubiera/ hubiese movido
movieras/ movieses	hubieras/ hubieses movido
moviera/ moviese	hubiera/ hubiese movido
moviéramos/ moviésemos	hubiéramos/ hubiésemos movido
movierais/ movieseis	hubierais/ hubieseis movido
movieran/ moviesen	hubieran/ hubiesen movido

Futuro simple	*Futuro compuesto*
moviere	hubiere movido
movieres	hubieres movido
moviere	hubiere movido
moviéremos	hubiéremos movido
moviereis	hubiereis movido
movieren	hubieren movido

IMPERATIVO
mueve
mueva
moved
muevan

FORMAS NO PERSONALES

Infinitivo: mover	Infinitivo compuesto: haber movido
Gerundio: moviendo	Gerundio compuesto: habiendo movido
Participio: movido	

mullir: Verbo irregular.

INDICATIVO

Presente	*Pretérito perfecto compuesto*
mullo	he mullido
mulles	has mullido
mulle	ha mullido
mullimos	hemos mullido
mullís	habéis mullido
mullen	han mullido

Pretérito imperfecto	*Pretérito pluscuamperfecto*
mullía	había mullido
mullías	habías mullido
mullía	había mullido
mullíamos	habíamos mullido
mullíais	habíais mullido
mullían	habían mullido

Pret. Perf. Simple/Indef.	*Pretérito anterior*
mullí	hube mullido
mulliste	hubiste mullido

mulló
mullimos
mullisteis
mulleron

hubo mullido
hubimos mullido
hubisteis mullido
hubieron mullido

Futuro simple
mulliré
mullirás
mullirá
mulliremos
mulliréis
mullirán

Futuro compuesto
habré mullido
habrás mullido
habrá mullido
habremos mullido
habréis mullido
habrán mullido

Condicional
mulliría
mullirías
mulliría
mulliríamos
mulliríais
mullirían

Condicional compuesto
habría mullido
habrías mullido
habría mullido
habríamos mullido
habríais mullido
habrían mullido

SUBJUNTIVO

Presente
mulla
mullas
mulla
mullamos
mulláis
mullan

Pretérito perfecto
haya mullido
hayas mullido
haya mullido
hayamos mullido
hayáis mullido
hayan mullido

Pretérito imperfecto
mullera/ mullese
mulleras/ mulleses
mullera/ mullese
mulléramos/ mullésemos
mullerais/ mulleseis
mulleran/ mullesen

Pretérito pluscuamperfecto
hubiera/ hubiese mullido
hubieras/ hubieses mullido
hubiera/ hubiese mullido
hubiéramos/ hubiésemos mullido
hubierais/ hubieseis mullido
hubieran/ hubiesen mullido

Futuro simple
mullere
mulleres

Futuro compuesto
hubiere mullido
hubieres mullido

mullere	hubiere mullido
mulléremos	hubiéremos mullido
mullereis	hubiereis mullido
mulleren	hubieren mullido

IMPERATIVO

mulle
mulla
mullid
mullan

FORMAS NO PERSONALES

Infinitivo: mullir	Infinitivo compuesto: haber mullido
Gerundio: mullendo	Gerundio compuesto: habiendo mullido
Participio: mullido	

N

nacer: Verbo irregular, se conjuga como 'abastecer'.

negar: Verbo irregular, se conjuga como 'abnegar'.

nevar: Verbo irregular, se conjuga como 'calentar'. Verbo impersonal.

Nobel/ novel: NOBEL: Premio Nobel.
¿A quién crees tú que le darán este año el Premio Nobel?
Camilo José Cela ganó el Premio Nobel.
¿Te gustaría recibir el Premio Nobel?
NOVEL: 'Inexperto'.
Es un conductor novel, por eso lleva una L en su coche.
Dentro de los escritores considerados noveles hay alguno que promete.
No tengo experiencia alguna en esto, soy un empresario novel, así que necesito que me ayudes hasta que adquiera suficiente experiencia.

nordeste/ noreste: Ambas palabras se refieren a lo mismo, sin embargo no deben confundirse con *noroeste*, pues no es lo mismo *nordeste* que *noroeste*.
NORDESTE: 'Punto del horizonte entre el Norte y el Este, a igual distancia de ambos'.
NOROESTE: 'Punto del horizonte entre el Norte y el Oeste'.
Se escribirá Nordeste/ Noroeste en mayúscula cuando se refiera al punto cardinal como tal. En los casos restantes se escribirá en minúscula.

O

o/ ó: – Ó: conjunción. Lleva tilde sólo cuando aparece entre dos cifras numéricas.
¿Quieres 5 ó 6?
Esto es así, por la posibilidad existente de producirse la siguiente confusión: 506
– O: conjunción disyuntiva, siempre sin acento salvo en el caso expuesto, es decir cuando se encuentre entre dos cifras numéricas. El resto nunca lleva tilde.
¿Estudias o trabajas?
¿Bebes o no bebes?
¿Saldrás o te quedarás en casa?
¿Eres Juan o eres Pedro?

obedecer: Verbo irregular, se conjuga como 'abastecer'.

objeción: No es correcto decir o escribir **objección*, la palabra correcta es *objeción* (con una sola *c*, nunca con dos).

obsceno: Es incorrecto escribir **osceno*, lo correcto es *obsceno*, con una *b* antes de la *s*.

obstruir: Verbo irregular, se conjuga como 'afluir'.

obtener: Verbo irregular, se conjuga como 'tener'.

ocluir: Verbo irregular, se conjuga como 'afluir'.

ofrecer: Verbo irregular, se conjuga como 'abastecer'.

oír: Verbo irregular.

INDICATIVO

Presente	*Pretérito perfecto compuesto*
oigo	he oído
oyes	has oído
oye	ha oído
oímos	hemos oído
oís	habéis oído
oyen	han oído

Pretérito imperfecto	*Pretérito pluscuamperfecto*
oía	había oído
oías	habías oído
oía	había oído
oíamos	habíamos oído
oíais	habíais oído
oían	habían oído
Pret. Perf. Simple/Indef.	*Pretérito anterior*
oí	hube oído
oíste	hubiste oído
oyó	hubo oído
oímos	hubimos oído
oísteis	hubisteis oído
oyeron	hubieron oído
Futuro simple	*Futuro compuesto*
oirá	habré oído
oirás	habrás oído
oirá	habrá oído
oiremos	habremos oído
oiréis	habréis oído
oirán	habrán oído
Condicional simple	*Condicional compuesto*
oiría	habría oído
oirías	habrías oído
oiría	habría oído
oiríamos	habríamos oído
oiríais	habríais oído
oirían	habrían oído

SUBJUNTIVO

Presente	*Pretérito perfecto*
oiga	haya oído
oigas	hayas oído
oiga	haya oído
oigamos	hayamos oído
oigáis	hayáis oído
oigan	hayan oído

Pretérito imperfecto	*Pretérito pluscuamperfecto*
oyera/ oyese	hubiera/ hubiese oído
oyeras/ oyeses	hubieras/ hubieses oído
oyera/ oyese	hubiera/ hubiese oído
oyéramos/ oyésemos	hubiéramos/ hubieseis oído
oyerais/ oyeseis	hubierais/ hubieseis oído
oyeran/ oyesen	hubieran/ hubiesen oído

Futuro simple	*Futuro compuesto*
oyere	hubiere oído
oyeres	hubieres oído
oyere	hubiere oído
oyéremos	hubiéremos oído
oyereis	hubiereis oído
oyeren	hubieren oído

IMPERATIVO
oye
oiga
oíd
oigan

FORMAS NO PERSONALES

Infinitivo: oír	Infinitivo compuesto: haber oído
Gerundio: oyendo	Gerundio compuesto: habiendo oído
Participio: oído	

ojalá: Esta palabra lleva tilde en la última *a*, por lo que no debe escribirse ni decirse **ójala*. Lo correcto es *ojalá*.

ojear: Ver *hojear*.

ola: Ver *hola*.

oler: Verbo irregular.

INDICATIVO

Presente	*Pretérito perfecto compuesto*
huelo	he olido
hueles	has olido

huele	ha olido
olemos	hemos olido
oléis	habéis olido
huelen	han olido
Pretérito imperfecto	*Pretérito pluscuamperfecto*
olía	había olido
olías	habías olido
olía	había olido
olíamos	habíamos olido
olíais	habíais olido
olían	habían olido
Pret. Perf. Simple/Indef.	*Pretérito anterior*
olí	hube olido
oliste	hubiste olido
olió	hubo olido
olimos	hubimos olido
olisteis	hubisteis olido
olieron	hubieron olido
Futuro simple	*Futuro compuesto*
oleré	habré olido
olerás	habrás olido
olerá	habrá olido
oleremos	habremos olido
oleréis	habréis olido
olerán	habrán olido
Condicional simple	*Condicional compuesto*
olería	habría olido
olerías	habrías olido
olería	habría olido
oleríamos	habríamos olido
oleríais	habríais olido
olerían	habrían olido
SUBJUNTIVO	
Presente	*Pretérito perfecto*
huela	haya olido
huelas	hayas olido

huela	haya olido
olamos	hayamos olido
oláis	hayáis olido
huelan	hayan olido

Pretérito imperfecto	*Pretérito pluscuamperfecto*
oliera/ oliese	hubiera/ hubiese olido
olieras/ olieses	hubieras/ hubieses olido
oliera/ oliese	hubiera/ hubiese olido
oliéramos/ oliésemos	hubiéramos/ hubiésemos olido
olierais/ olieseis	hubierais/ hubieseis olido
olieran/ oliesen	hubieran/ hubiesen olido

Futuro simple	*Futuro compuesto*
oliere	hubiere olido
olieres	hubieres olido
oliere	hubiere olido
oliéremos	hubiéremos olido
oliereis	hubiereis olido
olieren	hubieren olido

IMPERATIVO
huele
huela
oled
huelan

FORMAS NO PERSONALES

Infinitivo: oler	Infinitivo compuesto: haber olido
Gerundio: oliendo	Gerundio compuesto: habiendo olido
Participio: olido	

omóplato/ La RAE recoge en su *Diccionario* ambas grafías.
omoplato:

orca: No debe confundirse esta palabra con horca, pues son palabras distintas con significados diferentes. Ver *horca*.

orfanato: Es preferible usar *orfanato* a usar *orfelinato*.

oscurecer: Verbo irregular, se conjuga como 'compadecer'. Verbo impersonal.

o sea: Nunca debe escribirse como una sola palabra. Son dos: *o sea.*
O sea que fue Juan quien te invitó, ¿no?
O sea que tú crees en mí, ¿no?

ovni: Aunque es una sigla (*OVNI*) y por lo tanto debería escribirse en mayúsculas, su uso se ha extendido tanto que se emplea ya como una palabra normal, escribiéndose así en minúsculas y siendo correcto hacerlo. El plural de ovni es *ovnis.*

oxímoron: Figura literaria. Su plural es *oxímoros.*

oyes: Es segunda persona del singular del presente de indicativo del verbo *oír.*
¿No lo oyes?
¿Oyes bien?
¿Estás seguro de que no oyes bien?
Así pues no debe utilizarse en ningún caso esta forma como segunda persona del imperativo:
**Oyes, tú, ven aquí.*
Lo correcto es:
Oye, tú, ven aquí.

P

pacer: Verbo irregular, se conjuga como 'abastecer'.

padecer: Verbo irregular, se conjuga como 'abastecer'.

pádel: Es el nombre español de *paddle*, y, por lo tanto, la forma en que debe escribirse.

paipay: El plural de esta palabra es *paipais*.

palidecer: Verbo irregular, se conjuga como 'abastecer'.

parecer: Verbo irregular, se conjuga como 'abastecer'.

paradisíaco/ paradisiaco: Ambas formas son válidas, pero es preferible usar *paradisíaco*.

parqué: Así es como debe escribirse esta palabra proveniente del francés (*parquet*) en español. Su plural es *parqués*.

pasteurizar/ pasterizar: Ambas palabras son correctas.

patena: 'Platillo de oro o de otro metal, dorado, en el cual se pone la hostia en la misa desde acabado el paternóster hasta el momento de consumir.|| Lámina o medalla grande con una imagen esculpida, que se pone al pecho y la usan para adorno las labradoras.|| Muy limpio'.
No debe confundirse esta palabra con *pátina* o *patina*.

pátina: 'Especie de barniz duro, de color aceitunado y reluciente, que por la acción de la humedad se forma en los objetos antiguos de bronce.|| Tono sentado y suave que da el tiempo a las pinturas al óleo y a otros objetos antiguos.|| Ese mismo tono obtenido artificialmente.|| Carácter indefinido que con el tiempo adquieren ciertas cosas'.

El error ortográfico que se comete a veces en esta palabra es pronunciarla o escribirla sin la obligada tilde sobra la primera *a: pátina.*
Incorrecto: *patina*
Correcto: *pátina*

pedir: Verbo irregular, se conjuga como 'medir'.

pensar: Verbo irregular, se conjuga como 'calentar'.

perder: Verbo irregular, se conjuga como 'tender'.

perecer: Verbo irregular, se conjuga como 'abastecer'.

permanecer: Verbo irregular, se conjuga como 'abastecer'.

perseguir: Verbo irregular, se conjuga como 'medir'.

pertenecer: Verbo irregular, se conjuga como 'abastecer'.

pervertir: Verbo irregular, se conjuga como 'adherir'.

pie: El plural de esta palabra es *pies*, por lo que debe evitarse los vulgarismos **pieses, *pieces.*

placer: Verbo irregular.

INDICATIVO

Presente	*Pretérito perfecto compuesto*
plazco	he placido
places	has placido
place	ha placido
placemos	hemos placido
placéis	habéis placido
placen	han placido

Pretérito imperfecto	*Pretérito pluscuamperfecto*
placía	había placido
placías	habías placido
placía	había placido
placíamos	habíamos placido

placíais	habíais placido
placían	habían placido
Pret. Perf. Simple/Indef.	*Pretérito anterior*
plací	hube placido
placiste	hubiste placido
plació	hubo placido
placimos	hubimos placido
placisteis	hubisteis placido
placieron	hubieron placido
Futuro simple	*Futuro compuesto*
placeré	habrá placido
placerás	habrás placido
placerá	habrá placido
placeremos	habremos placido
placeréis	habréis placido
Condicional simple	*Condicional compuesto*
placería	habría placido
placerías	habrías placido
placería	habría placido
placeríamos	habríamos placido
placeríais	habríais placido
placerían	habrían placido
SUBJUNTIVO	
Presente	*Pretérito perfecto*
plazca	haya placido
plazcas	hayas placido
plazca	haya placido
plazcamos	hayamos placido
plazcáis	hayáis placido
plazcan	hayan placido
Pretérito imperfecto	*Pretérito pluscuamperfecto*
placiera/ placiese	hubiera/ hubiese placido
placieras/ placieses	hubieras/ hubieses placido
placiera/ placiese	hubiera/ hubiese placido
placiéramos/ placiésemos	hubiéramos/ hubiésemos placido
placierais/ placieseis	hubierais/ hubieseis placido
placieran/ placiesen	hubieran/ hubiesen placido

Futuro simple	*Futuro compuesto*
placiere	hubiere placido
placieras	hubieres placido
placiere	hubiere placido
placiéremos	hubiéremos placido
placiereis	hubiereis placido
placieren	hubieren placido

IMPERATIVO
place
plazca
placed
plazcan

FORMAS NO PERSONALES

Infinitivo: placer	Infinitivo compuesto: haber placido
Gerundio: placiendo	Gerundio compuesto: habiendo placido
Participio: placido	

plañir: Verbo irregular, se conjuga como 'mullir'.

plegar: Verbo irregular, se conjuga como 'abnegar'.

poblar: Verbo irregular, se conjuga como 'acordar'.

poder: Verbo irregular.

INDICATIVO

Presente	*Pretérito perfecto compuesto*
puedo	he podido
puedes	has podido
puede	ha podido
podemos	hemos podido
podéis	habéis podido
pueden	han podido

Pretérito imperfecto	*Pretérito pluscuamperfecto*
podía	había podido
podías	habías podido
podía	había podido
podíamos	habíamos podido
podíais	habíais podido
podían	habían podido

Pret. Perf. Simple/Indef.	*Pretérito anterior*
pude	hube podido
pudiste	hubiste podido
pudo	hubo podido
pudimos	hubimos podido
pudisteis	hubisteis podido
pudieron	hubieron podido

Futuro simple	*Futuro compuesto*
podré	habré podido
podrás	habrás podido
podrá	habrá podido
podremos	habremos podido
podréis	habréis podido
podrán	habrán podido

Condicional simple	*Condiconal compuesto*
podría	habría podido
podría	habrías podido
podría	habría podido
podríamos	habríamos podido
podríais	habríais podido
podrían	habrían podido

SUBJUNTIVO

Presente	*Pretérito perfecto*
pueda	haya podido
puedas	hayas podido
pueda	haya podido
podamos	hayamos podido
podáis	hayáis podido
puedan	hayan podido

Pretérito imperfecto	*Pretérito pluscuamperfecto*
pudiera/ pudiese	hubiera/ hubiese podido
pudieras/ pudieses	hubieras/ hubieses podido
pudiera/ pudiese	hubiera/ hubiese podido
pudiéramos/ pudiésemos	hubiéramos/ hubiésemos podido
pudierais/ pudieseis	hubierais/ hubieseis podido
pudieran/ pudiesen	hubieran/ hubiesen podido

Futuro simple	*Futuro compuesto*
pudiere	hubiere podido
pudieres	hubieres podido
pudiere	hubiere podido
pudiéremos	hubiéremos podido
pudiereis	hubiereis podido
pudieren	hubieren podido

IMPERATIVO
puede
pueda
poded
puedan

FORMAS NO PERSONALES

Infinitivo: poder	Infinitivo compuesto: haber podido
Gerundio: pudiendo	Gerundio compuesto: habiendo podido
Participio: podido	

poeta: Puede emplearse esta forma como masculino y como femenino. Sin embargo, existe la palabra *poetisa* cuyo género es exclusivamente femenino.

poetisa: Femenino de *poeta*, aunque poeta es válido también para mujer, pudiéndose usar como masculino y como femenino.

pollo: Diferencia entre *pollo* y *poyo*.
POLLO: 'Animal'.
Cenaremos pollo asado con patatas fritas.
No nos queda ni un pollo en el corral.
Estoy cansada de cenar todos los día pollo frito con lechuga.
POYO: 'Banco de piedra, yeso u otra materia, que ordinariamente se fabrica arrimado a las paredes, junto a las puertas de las casas de campo, en los zaguanes y otras partes'.
Siéntate en ese poyo.

poner: Verbo irregular.

INDICATIVO

Presente	*Pretérito perfecto compuesto*
pongo	he puesto
pones	has puesto
pone	ha puesto
ponemos	hemos puesto
ponéis	habéis puesto
ponen	han puesto
Pretérito imperfecto	*Pretérito pluscuamperfecto*
ponía	había puesto
ponía	habías puesto
ponía	había puesto
poníamos	habíamos puesto
poníais	habíais puesto
ponían	habían puesto
Pret. Perf. Simple/Indef.	*Pretérito anterior*
puse	hube puesto
pusiste	hubiste puesto
puso	hubo puesto
pusimos	hubimos puesto
pusisteis	hubisteis puesto
pusieron	hubieron puesto
Futuro simple	*Futuro compuesto*
pondré	habré puesto
pondrás	habrás puesto
pondrá	habrá puesto
pondremos	habremos puesto
pondréis	habréis puesto
pondrán	habrán puesto
Condicional simple	*Condicional compuesto*
pondría	habría puesto
pondrías	habrías puesto
pondría	habría puesto
pondríamos	habríamos puesto
pondríais	habríais puesto
pondrían	habrían puesto

SUBJUNTIVO

Presente	*Pretérito perfecto*
ponga	haya puesto
pongas	hayas puesto
ponga	haya puesto
pongamos	hayamos puesto
pongáis	hayáis puesto
pongan	hayan puesto

Pretérito imperfecto	*Pretérito pluscuamperfecto*
pusiera/ pusiese	hubiera/ hubiese puesto
pusieras/ pusieses	hubieras/ hubieses puesto
pusiera/ pusiese	hubiera/ hubiese puesto
pusiéramos/ pusiésemos	hubiéramos/ hubiésemos puesto
pusierais/ pusieseis	hubierais/ hubieseis puesto
pusieran/ pusiesen	hubieran/ hubiesen puesto

Futuro simple	*Futuro compuesto*
pusiere	hubiere puesto
pusieres	hubieres puesto
pusiere	hubiere puesto
pusiéremos	hubiéremos puesto
pusiereis	hubiereis puesto
pusieren	hubieren puesto

IMPERATIVO

pon
ponga
poned
pongan

FORMAS NO PERSONALES

Infinitivo: poner — Infinitivo compuesto: haber puesto
Gerundio: poniendo — Gerundio compuesto: habiendo puesto
Participio: puesto

porque/ por que: PORQUE:
– Conjunción causal: introduce una explicación, la razón por la que sucede lo expresado en la oración. *Iré porque tengo que ir.*

Te doy mi falda porque a ti te queda mejor.
No ha ido hoy a trabajar porque está muy enfermo.
En el primer ejemplo *porque* introduce la razón por la que sucede lo expresado antes, es decir, la causa por la que *iré*, que es *porque quiero*.
En el segundo ejemplo *porque* es similar, pues explica que *te hago un regalo porque quiero*.
En el tercer ejemplo *porque está muy enfermo* es la razón por la que *no ha ido a clase*.
POR QUE:
– Preposición *por* + pronombre relativo *que*.
Ésta es la causa por que he venido hoy a protestar.
Puede introducirse entre *por* y *que* el determinante *la*.
Ésta es la causa por la que he venido hoy a protestar.
Puede también añadirse *la cual*.
Ésta es la causa por la cual he venido hoy a protestar.
– Preposición *por* + conjunción *que*.
Juana se decanta por que no vayamos a clase hoy.
Ellos apuestan por que esta noticia no se publique.

porqué/ por qué: PORQUÉ: Nombre que significa 'causa'.
Dime el porqué de tu actuación.
Puede sustituirse por 'la causa'.
Dime la razón de tu actuación.
No sé el porqué de mi malhumor, sólo sé que últimamente no puedo evitarlo.
No sé la causa de mi malhumor, sólo sé que últimamente no puedo evitarlo.
POR QUÉ: Pronombre interrogativo.
¿Por qué no quieres venir con nosotras?
¿Por qué has hecho eso?
¿Por qué siempre estás tan triste?
¿Por qué causa has contestado tan mal a la profesora?
¿Por qué te comportas de esa manera?

poseer: Verbo irregular, se conjuga como 'leer'.

posponer: Verbo irregular, se conjuga como 'poner'.

poyo: Diferencia entre *poyo* y *pollo*: ver *pollo*.

preconcebir: Verbo irregular, se conjuga como 'medir'.

preconocer: Verbo irregular, se conjuga como 'abastecer'.

predecir: Verbo irregular, se conjuga como 'decir'.

predisponer: Verbo irregular, se conjuga como 'poner'.

preelegir: Verbo irregular, se conjuga como 'colegir'.

preferir: Verbo irregular, se conjuga como 'adherir'.

preeminencia: Debe escribirse siempre *preeminencia* y nunca **preminencia*, aunque a veces así se pronuncie.

preeminente: Debe escribirse siempre *preeminente* y nunca **preminente*, aunque a veces así se pronuncie.

preinscribir: Verbo regular, pero participio irregular: preinscrito.

prelucir: Verbo irregular, se conjuga como 'lucir'.

prescribir: Verbo regular, participio irregular: prescrito.

presentir: Verbo irregular, se conjuga como 'adherir'.

presuponer: Verbo irregular, se conjuga como 'poner'.

prevalecer: Verbo irregular, se conjuga como 'abastecer'.

prevenir: Verbo irregular, se conjuga como 'venir'.

prever: No debe decirse ni escribirse **preveer*, ya que la forma correcta es *prever*.

prístino: Es una palabra esdrújula, por ello lleva tilde en la primera *í*, y así es como hay que pronunciar y escribir esta palabra.

probar: Verbo irregular, se conjuga como 'acordar'.

producir: Verbo irregular, se conjuga como 'conducir'.

proferir: Verbo irregular, se conjuga como 'adherir'.

promover: Verbo irregular, se conjuga como 'mover'.

proponer: Verbo irregular, se conjuga como 'poner'.

proscribir: Verbo regular, participio irregular: proscrito.

proseguir: Verbo irregular, se conjuga como 'medir'.

proveer: Verbo irregular, se conjuga como 'leer'. Participio irregular: provisto.

provenir: Verbo irregular, se conjuga como 'venir'.

psico-, psic-: Las palabras que comienzan por *psico-* o *psic-* pueden escribirse sin la *p* inicial.
psicología, psiquiatría, psicópata...
sicología, siquiatría, sicópata...

pudrir: Regular, participio irregular: podrido

Q

q: Esta letra ha de escribirse siempre con una *u* cuando forma parte de una palabra. Ejemplos:
queso, quimera, querer, quiste, que...

qué: Se escribe con tilde cuando es pronombre o determinante interrogativo.
¿Qué has dicho?
¿Qué plato prefieres?
¿Qué has hecho?
¿Qué vestido te pondrás?
Nadie sabe qué dijo.
Se escribe también con tilde cuando es pronombre o determinante exclamativo o adverbio de cantidad.
¡Qué felicidad!
¡Qué niña tan tonta!
¡Qué pena!
¡Qué perro más feo!
¡Qué se yo!
En los casos restantes se escribe sin tilde.
Quiero que vengas.
Lo que hagas no me importa.

quebrar: Verbo irregular, se conjuga como 'calentar'.

quechua: No es correcto decir o escribir **quechúa.*

querer: Verbo irregular.

INDICATIVO

Presente	*Pretérito perfecto compuesto*
quiero	he querido
quieres	has querido
quiere	ha querido
queremos	hemos querido
queréis	habéis querido
quieren	han querido

Pretérito imperfecto
quería
querías
quería
queríamos
queríais
querían

Pretérito pluscuamperfecto
había querido
habías querido
había querido
habíamos querido
habíais querido
habían querido

Pret. Perf. Simple/Indef.
quise
quisiste
quiso
quisimos
quisisteis
quisieron

Pretérito anterior
hube querido
hubiste querido
hubo querido
hubimos querido
hubisteis querido
hubieron querido

Futuro simple
querré
querrás
querrá
querremos
querréis
querrán

Futuro compuesto
habré querido
habrás querido
habrá querido
habremos querido
habréis querido
habrán querido

Condicional simple
querría
querrías
querría
querríamos
querríais
querrían

Condicional compuesto
habría querido
habrías querido
habría querido
habríamos querido
habríais querido
habrían querido

SUBJUNTIVO

Presente
quiera
quieras
quiera
queramos
queráis
quieran

Pretérito perfecto
haya querido
hayas querido
haya querido
hayamos querido
hayáis querido
hayan querido

Pretérito imperfecto	*Pretérito pluscuamperfecto*
quisiera/ quisiese	hubiera/ hubiese querido
quisieras/ quisieses	hubieras/ hubieses querido
quisiera/ quisiese	hubiera/ hubiese querido
quisiéramos/ quisiésemos	hubiéramos/ hubiésemos querido
quisierais/ quisieseis	hubierais/ hubieseis querido
quisieran/ quisiesen	hubieran/ hubiesen querido

Futuro simple	*Futuro compuesto*
quisiere	hubiere querido
quisieres	hubieres querido
quisiere	hubiere querido
quisiéremos	hubiéremos querido
quisiereis	hubiereis querido
quisieren	hubieren querido

IMPERATIVO
quiere
quiera
quered
quieran

FORMAS NO PERSONALES

Infinitivo: querer	Infinitivo compuesto: haber querido
Gerundio: queriendo	Gerundio compuesto: habiendo querido
Participio: querido	

quienquiera/ quien quiera: QUIENQUIERA: Pronombre: 'cualquier persona'. Va seguido de *que.*

Quienquiera que sea el que está llamando de esa manera a la puerta es un maleducado.

Quienquiera que necesite consultarme algo podrá hacerlo en las horas indicadas en el tablón.

El plural de *quienquiera* es *quienesquiera.* Por lo tanto, debe evitarse el uso de *quienquiera* cuando se refiera a varias personas, porque ese uso es incorrecto, ya que existe el plural *quienesquiera.*

QUIEN QUIERA: Pronombre + verbo.

Quien quiera un caramelo que levante la mano.

Quien quiera una manzana que venga y me lo diga.
Quien quiera más folios sólo tiene que venir y pedírmelos.

quizá/ quizás: Ambas formas son válidas, mas es preferible el uso de la primera.

quórum: El plural de esta palabra es *quórum*. Es decir que no varía: *el quórum, los quórum*.

R

r: Esta letra representa el sonido suave de *r* (*cara, loro, lira, mar...*), y el sonido fuerte de *r*, es decir *rr*, a principio de palabra: *rata, raja, rato, rojo, rubio...*

rr: Esta letra no puede aparecer nunca a principio de palabra. En su lugar ha de escribirse una *r: reloj, río, rosa, real...*
Si no está a principio de palabra se escribirá la *rr: carro, borrar, morro, burro...*

radar: No debe pronunciarse como si llevara acento en la primera *a*, es decir que no debe decirse */*rádar*/. La pronunciación correcta es /*radár*/. La grafía: *radar.*
El plural es *radares* (no **rádares*).

radiactividad: Ésta es la forma en que debe escribirse y decirse esta palabra.

radiactivo: Ésta es la forma en que debe escribirse y decirse esta palabra.

raer: Verbo irregular.

INDICATIVO

Presente	*Pretérito perfecto compuesto*
rao/ raigo/ rayo	he raído
raes	has raído
rae	ha raído
raemos	hemos raído
raéis	habéis raído
raen	han raído

Pretérito imperfecto	*Pretérito pluscuamperfecto*
raía	había raído
raías	habías raído
raía	había raído

raíamos	habíamos raído
raíais	habíais raído
raían	habían raído

Pret. Perf. Simple/Indef.	*Pretérito anterior*
raí	hube raído
raíste	hubiste raído
rayó	hubo raído
raímos	hubimos raído
raísteis	hubisteis raído
rayeron	hubieron raído

Futuro simple	*Futuro compuesto*
raeré	habré raído
raerás	habrás raído
raerá	habrá raído
raeremos	habremos raído
raeréis	habréis raído
raerán	habrán raído

Condicional simple	*Condicional compuesto*
raería	habría raído
raerías	habrías raído
raería	habría raído
raeríamos	habríamos raído
raeríais	habríais raído
raerían	habrían raído

SUBJUNTIVO

Presente	*Pretérito perfecto*
raiga/ raya	haya raído
raigas/ rayas	hayas raído
raiga/ raya	haya raído
raigamos/ rayamos	hayamos raído
raigáis/ rayáis	hayáis raído
raigan/ rayan	hayan raído

Pretérito imperfecto	*Pretérito pluscuamperfecto*
rayera/ rayese	hubiera/ hubiese raído
rayeras/ rayeses	hubieras/ hubieses raído

rayera/ rayese	hubiera/ hubiese raído
rayéramos/ rayésemos	hubiéramos/ hubiésemos raído
rayerais/ rayeseis	hubierais/ hubieseis raído
rayeran/ rayesen	hubieran/ hubiesen raído

Futuro simple	*Futuro compuesto*
rayere	hubiere raído
rayeres	hubieres raído
rayere	hubiere raído
rayéremos	hubiéremos raído
rayereis	hubiereis raído
rayeren	hubieren raído

FORMAS NO PERSONALES

Infinitivo: raer	Infinitivo compuesto: haber raído
Gerundio: rayendo	Gerundio compuesto: habiendo raído
Participio: raído	

rallar/ rayar: RALLAR: 'Desmenuzar algo restregándolo con el rallador'.
Todavía no está preparada la comida, falta rallar el queso.
¿Puedo rallar ese trozo de pan y así empanar los filetes?
Rallar el queso sin rallador te va a ser imposible.
RAYAR: 'Hacer rayas.|| Tachar lo manuscrito o impreso, con una o varias rayas.|| Estropear una superficies con rayas o incisiones'.
Te dije que no escribieras sobre la mesa para no rayarla y tú no me has hecho caso.

rapapolvo: Esta palabra es singular, por lo que no es correcto usar *rapapolvos* cuando ha de ser *rapapolvo*.
¡Vaya rapapolvo me ha echado!

rayar: Ver *rallar*.

reabrir: Verbo regular, participio irregular: reabierto.

reaparecer: Verbo irregular, se conjuga como 'compadecer'.

rebelarse: Este verbo puede confundirse al escribirlo con otro verbo que es *revelar*. Para evitar esta confusión, a continuación se explica la diferencia de significado entre uno y otro.
REBELAR: 'Sublevarse, no conformarse'.
Te podrás rebelar cuando hayas llegado al punto más alto de tu carrera, nunca antes.
Se quisieron rebelar, pero el dueño de la empresa lo impidió con nuevas promesas.
Rebelarse es a veces lo único que le queda a uno.
REVELAR:
– 'Descubrir'.
¿Cuándo podremos revelar nuestro secreto a mi hermano?
Quiero revelar a Antonio la verdad.
– 'Hacer visible la imagen impresa en una placa o película fotográfica'.
¿Cuándo vas a revelar las fotos que hicimos este verano?
El carrete lo va a revelar Juan en su casa.

reblandecer: Verbo irregular, se conjuga como 'abastecer'.

rebullir: Verbo irregular, se conjuga como 'mullir'.

recaer: Verbo irregular, se conjuga como 'caer'.

recalentar: Verbo irregular, se conjuga como 'calentar'.

recluir: Verbo irregular, se conjuga como 'afluir'.

recocer: Verbo irregular, se conjuga como 'cocer'.

recomendar: Verbo irregular, se conjuga como 'calentar'.

recomponer: Verbo irregular, se conjuga como 'poner'.

reconducir: Verbo irregular, se conjuga como 'conducir'.

reconocer: Verbo irregular, se conjuga como 'abastecer'.

reconstituir: Verbo irregular, se conjuga como 'afluir'.

reconstruir: Verbo irregular, se conjuga como 'afluir'.

reconvenir: Verbo irregular, se conjuga como 'venir'.

reconvertir: Verbo irregular, se conjuga como 'adherir'.

recordar: Verbo irregular, se conjuga como 'acordar'.

recostar: Verbo irregular, se conjuga como 'acordar'.

recubrir: Verbo regular, participio irregular: recubierto

reducir: Verbo irregular, se conjuga como 'conducir'.

reelegir: Verbo irregular, se conjuga como 'colegir'.

reencontrar: Verbo irregular, se conjuga como 'acordar'.

referir: Verbo irregular, se conjuga como 'adherir'.

refluir: Verbo irregular, se conjuga como 'afluir'.

reforzar: Verbo irregular, se conjuga como 'acordar'.

refregar: Verbo irregular, se conjuga como 'abnegar'. Dos participios: regular_ refreído; irregular_ refrito.

regar: Verbo irregular, se conjuga como 'abnegar'.

régimen: El plural de esta palabra es *regímenes*.

regir: Verbo irregular, se conjuga como 'colegir'.

rehacer: Verbo irregular, se conjuga como 'hacer'.

rehuir: Verbo irregular, se conjuga como 'afluir'.

reír: Verbo irregular.

INDICATIVO

Presente	*Pretérito perfecto compuesto*
río	he reído
ríes	has reído
ríe	ha reído
reímos	hemos reído
reís	habéis reído
ríen	han reído
Pretérito imperfecto	*Pretérito pluscuamperfecto*
reía	había reído
reías	habías reído
reía	había reído
reíamos	habíamos reído
reíais	habíais reído
reían	habían reído
Pret. Perf. Simple/Indef.	*Pretérito anterior*
reí	hube reído
reíste	hubiste reído
rió	hubo reído
reímos	hubimos reído
reísteis	hubisteis reído
rieron	hubieron reído
Futuro simple	*Futuro compuesto*
reiré	habré reído
reirás	habrás reído
reirá	habrá reído
reiremos	habremos reído
reiréis	habréis reído
reirán	habrán reído
Condicional simple	*Condicional compuesto*
reiría	habría reído
reirías	habrías reído
reiría	habría reído
reiríamos	habríamos reído
reiríais	habríais reído
reirían	habrían reído

SUBJUNTIVO

Presente
ría
rías
ría
riamos
riáis
rían

Pretérito perfecto
haya reído
hayas reído
haya reído
hayamos reído
hayáis reído
hayan reído

Pretérito imperfecto
riera/ riese
rieras/ rieses
riera/ riese
riéramos/ riésemos
rierais/ rieseis
rieran/ riesen

Pretérito pluscuamperfecto
hubiera/ hubiese reído
hubieras/ hubieses reído
hubiera/ hubiese reído
hubiéramos/ hubiésemos reído
hubierais/ hubieseis reído
hubieran/ hubiesen reído

Futuro simple
riere
rieres
riere
riéremos
riereis
rieren

Futuro compuesto
hubiere reído
hubieres reído
hubiere reído
hubiéremos reído
hubiereis reído
hubieren reído

IMPERATIVO
ríe
ría
reíd
rían

FORMAS NO PERSONALES
Infinitivo: reír
Gerundio: riendo
Participio: reído

Infinitivo compuesto: haber reído
Gerundio compuesto: habiendo reído

reivindicar: Este verbo no tiene una *n* entre la primera *i* y la *v*, luego la grafía: **reinvindicar* es incorrecta. Lo correcto tanto al hablar como al escribir es: *reivindicar*.
Reivindicaron sus derechos.

rejuvenecer: Verbo irregular, se conjuga como 'abastecer'.

releer: Verbo irregular, se conjuga como 'leer'.

relucir: Verbo irregular, se conjuga como'lucir'.

remendar: Verbo irregular, se conjuga como 'calentar'.

remover: Verbo irregular, se conjuga como 'mover'

renacer: Verbo irregular, se conjuga como 'abastecer'.

rendir: Verbo irregular, se conjuga como 'medir'.

renegar: Verbo irregular, se conjuga como 'abnegar'.

renovar: Verbo irregular, se conjuga como 'acordar'.

reñir: Verbo irregular, se conjuga como 'ceñir'.

repetir: Verbo irregular, se conjuga como 'medir'.

replegar: Verbo irregular, se conjuga como 'abnegar'.

reponer: Verbo irregular, se conjuga como 'poner'.

reproducir: Verbo irregular, se conjuga como 'conducir'.

requebrar: Verbo irregular, se conjuga como 'calentar'.

requerir: Verbo irregular, se conjuga como 'adherir'.

resentirse: Verbo irregular, se conjuga como 'adherir'.

resolver: Verbo irregular, se conjuga como 'mover'. Participio irregular: resuelto.

resonar: Verbo irregular, se conjuga como 'acordar'.

resplandecer: Verbo irregular, se conjuga como 'abastecer'.

restablecer: Verbo irregular, se conjuga como 'abastecer'.

restituir: Verbo irregular, se conjuga como 'afluir'.

restregar: Verbo irregular, se conjuga como 'abnegar'.

retener: Verbo irregular, se conjuga como 'tener'.

retorcer: Verbo irregular, se conjuga como 'cocer'.

retraer: Verbo irregular, se conjuga como 'traer'.

retribuir: Verbo irregular, se conjuga como 'afluir'.

retrotraer: Verbo irregular, se conjuga como 'traer'.

revelar: Ver *rebelar*.

reventar: Verbo irregular, se conjuga como 'calentar'.

revolcar: Verbo irregular, se conjuga como 'volcar'.

revolver: Verbo irregular, se conjuga como 'mover'.

robot: El plural de esta palabra es *robots*.

rodar: Verbo irregular, se conjuga como 'acordar'.

roer: Verbo irregular.

INDICATIVO

Presente	*Pretérito perfecto compuesto*
roo/ roigo/ royo	he roído
roes	has roído
roe	ha roído
roemos	hemos roído
roéis	habéis roído
roen	han roído

Pretérito imperfecto	*Pretérito pluscuamperfecto*
roía	había roído
roías	habías roído

roía
roíamos
roíais
roían

había roído
habíamos roído
habíais roído
habían roído

Pret. Perf. Simple/Indef.
roí
roíste
royó
roímos
roísteis
royeron

Pretérito anterior
hube roído
hubiste roído
hubo roído
hubimos roído
hubisteis roído
hubieron roído

Futuro simple
roeré
roerás
roerá
roeremos
roeréis
roerán

Futuro compuesto
habré roído
habrás roído
habrá roído
habremos roído
habréis roído
habrán roído

Condiconal simple
roería
roería
roería
roeríamos
roeríais
roerían

Condicional compuesto
habría roído
habrías roído
habría roído
habríamos roído
habríais roído
habrían roído

SUBJUNTIVO

Presente
roa/ roiga/ roya
roas/ roigas/ royas
roa/ roiga/ roya
roamos/ roigamos/ royamos
roáis/ roigáis/ royáis
roan/ roigan/ royan

Pretérito perfecto
haya roído
hayas roído
haya roído
hayamos roído
hayáis roído
hayan roído

Pretérito imperfecto
royera/ royese
royeras/ royeses

Pretérito pluscuamperfecto
hubiera/ hubiese roído
hubieras/ hubieses roído

royera/ royese	hubiera/ hubiese roído
royéramos/ royésemos	hubiéramos/ hubiésemos roído
royerais/ royeseis	hubierais/ hubieseis roído
royeran/ royesen	hubieran/ hubiesen roído

Futuro simple	*Futuro compuesto*
royere	hubiere roído
royeres	hubieres roído
royere	hubiere roído
royéremos	hubiéremos roído
royereis	hubiereis roído
royeren	hubieren roído

IMPERATIVO
roe
roa
roed
roan

FORMAS NO PERSONALES
Infinitivo: roer — Infinitivo compuesto: haber roído
Gerundio: royendo — Gerundio compuesto: habiendo roído
Participio: roído

rogar: Verbo irregular, se conjuga como 'acordar'.

romper: Verbo regular, participio irregular: roto

S

saber: Verbo irregular.

INDICATIVO

Presente	*Pretérito perfecto compuesto*
sé	he sabido
sabes	has sabido
sabe	ha sabido
sabemos	hemos sabido
sabéis	habéis sabido
saben	han sabido
Pretérito imperfecto	*Pretérito pluscuamperfecto*
sabía	había sabido
sabías	habías sabido
sabía	había sabido
sabíamos	habíamos sabido
sabíais	habíais sabido
sabían	habían sabido
Pret. Perf. Simple/Indef.	*Pretérito anterior*
supe	hube sabido
supiste	hubiste sabido
supo	hubo sabido
supimos	hubimos sabido
supisteis	hubisteis sabido
supieron	hubieron sabido
Futuro simple	*Futuro compuesto*
sabré	habré sabido
sabrás	habrás sabido
sabrá	habrá sabido
sabremos	habremos sabido
sabréis	habréis sabido
sabrán	habrán sabido
Condicional simple	*Condicional compuesto*
sabría	habría sabido
sabrías	habrías sabido

sabría
sabríamos
sabríais
sabrían

habría sabido
habríamos sabido
habríais sabido
habrían sabido

SUBJUNTIVO

Presente
sepa
sepas
sepa
sepamos
sepáis
sepan

Pretérito perfecto
haya sabido
hayas sabido
haya sabido
hayamos sabido
hayáis sabido
hayan sabido

Pretérito imperfecto
supiera/ supiese
supieras/ supieses
supiera/ supiese
supiéramos/ supiésemos
supierais/ supieseis
supieran/ supiesen

Pretérito pluscuamperfecto
hubiera/ hubiese sabido
hubieras/ hubieses sabido
hubiera/ hubiese sabido
hubiéramos/ hubiésemos sabido
hubierais/ hubieseis sabido
hubieran/ hubiesen sabido

Futuro simple
supiere
supieres
supiere
supiéremos
supiereis
supieren

Futuro compuesto
hubiere sabido
hubieres sabido
hubiere sabido
hubiéremos sabido
hubiereis sabido
hubieren sabido

IMPERATIVO
sabe
sepa
sabed
sepan

FORMAS NO PERSONALES
Infinitivo: saber
Gerundio: sabiendo
Participio: sabido

Infinitivo compuesto: haber sabido
Gerundio compuesto: habiendo sabido

sabia: Debe diferenciarse *sabia* de *savia.*
SABIA: 'Persona muy cultivada, que sabe mucho'.
Mi madre, a su manera, siempre fue una sabia.
Ser sabia no es solamente saber matemáticas, lengua, literatura, física..., es saber además qué cosa es la vida.
Ojalá algún día a mí también me llamen sabia.
SAVIA: 'Líquido que recorre las plantas y los árboles'.
Si rompes ese tallo, podrás ver un líquido: es la savia de la planta.
¿Es este líquido blanco savia?
¿Es la savia en las plantas como la sangre en las personas?

salir: Verbo irregular.

INDICATIVO

Presente	*Pretérito perfecto compuesto*
salgo	he salido
sales	has salido
sale	ha salido
salimos	hemos salido
salís	habéis salido
salen	han salido

Pretérito imperfecto	*Pretérito pluscuamperfecto*
salía	había salido
salías	habías salido
salía	había salido
salíamos	habíamos salido
salíais	habíais salido
salían	habían salido

Pret. perf. Simple/Indef.	*Pretérito anterior*
salí	hube salido
saliste	hubiste salido
salió	hubo salido
salimos	hubimos salido
salisteis	hubisteis salido
salieron	hubieron salido

Futuro simple	*Futuro compuesto*
saldré	habré salido
saldrás	habrás salido
saldrá	habrá salido
saldremos	habremos salido
saldréis	habréis salido
saldrán	habrán salido

Condicional simple	*Condicional compuesto*
saldría	habría salido
saldrías	habrías salido
saldría	habría salido
saldríamos	habríamos salido
saldríais	habríais salido
saldrían	habrían salido

SUBJUNTIVO

Presente	*Pretérito perfecto*
salga	haya salido
salgas	hayas salido
salga	haya salido
salgamos	hayamos salido
salgáis	hayáis salido
salgan	hayan salido

Pretérito imperfecto	*Pretérito pluscuamperfecto*
saliera/ saliese	hubiera/ hubiese salido
salieras/ salieses	hubieras/ hubieses salido
saliera/ saliese	hubiera/ hubiese salido
saliéramos/ saliésemos	hubiéramos/ hubiésemos salido
salierais/ salieseis	hubierais/ hubieseis salido
salieran/ saliesen	hubieran/ hubiesen salido

Futuro simple	*Futuro compuesto*
saliere	hubiere salido
salieres	hubieres salido
saliere	hubiere salido
saliéremos	hubiéremos salido
saliereis	hubiereis salido
salieren	hubieren salido

IMPERATIVO
sal
salga
salid
salgan

FORMAS NO PERSONALES
Infinitivo: salir — Infinitivo compuesto: haber salido
Gerundio: saliendo — Gerundio compuesto: habiendo salido
Participio: salido

salpimentar: Verbo irregular, se conjuga como 'calentar'.

sándwich: Así es como debe escribirse esta palabra.

satisfacer: Verbo irregular, se conjuga como 'hacer', salvo en la 2ª persona singular del imperativo: *satisface*.

savia: Ver *sabia*.

se/ sé: – SÉ: 1ª persona del singular, presente de indicativo, verbo *saber*.
Sé muy bien lo que has hecho.
– SÉ: 2ª persona del singular del imperativo, verbo *ser*.
– SÉ *buena en casa de Mario.*
– SE: pronombre personal.
Se lo he dado a Mónica.
Se lo ha contado todo ya.
Se cortaron el pelo el uno al otro.
Se lava las manos constantemente.
Se han prestado los apuntes.
Se lo daré mañana.

seducir: Verbo irregular, se conjuga como'conducir'.

segar: Verbo irregular, se conjuga como 'abnegar'.

seguir: Verbo irregular, se conjuga como 'medir'.

sembrar: Verbo irregular, se conjuga como 'calentar'.

sentar: Verbo irregular, se conjuga como 'calentar'.

sentir: Verbo irregular, se conjuga como 'adherir'.

ser: Verbo irregular.

INDICATIVO

Presente	*Pretérito perfecto compuesto*
soy	he sido
eres	has sido
es	ha sido
somos	hemos sido
sois	habéis sido
son	han sido

Pretérito imperfecto	*Pretérito pluscuamperfecto*
era	había sido
eras	habías sido
era	había sido
éramos	habíamos sido
erais	habíais sido
eran	habían sido

Pret. Perf. Simple/Indef.	*Pretérito anterior*
fui	hube sido
fuiste	hubiste sido
fue	hubo sido
fuimos	hubimos sido
fuisteis	hubisteis sido
fueron	hubieron sido

Futuro simple	*Futuro compuesto*
seré	habré sido
serás	habrás sido
seré	habrá sido
seremos	habremos sido
seréis	habréis sido
serán	habrán sido

Condicional simple	*Condicional compuesto*
sería	habría sido
serías	habrías sido

sería
seríamos
seríais
serían

habría sido
habríamos sido
habríais sido
habrían sido

SUBJUNTIVO

Presente
sea
seas
sea
seamos
seáis
sean

Pretérito perfecto
haya sido
hayas sido
haya sido
hayamos sido
hayáis sido
hayan sido

Pretérito imperfecto
fuera/ fuese
fueras/ fueses
fuera/ fuese
fuéramos/ fuésemos
fuerais/ fueseis
fueran/ fuesen

Pretérito pluscuamperfecto
hubiera/ hubiese sido
hubieras/ hubieses sido
hubiera/ hubiese sido
hubiéramos/ hubiésemos sido
hubierais/ hubieseis sido
hubieran/ hubiesen sido

Futuro simple
fuere
fueres
fuere
fuéremos
fuereis
fueren

Futuro compuesto
hubiere sido
hubieres sido
hubiere sido
hubiéremos sido
hubiereis sido
hubieren sido

IMPERATIVO
sé
sea
sed
sean

FORMAS NO PERSONALES
Infinitivo: ser
Gerundio: siendo
Participio: sido

Infinitivo compuesto: haber sido
Gerundio compuesto: habiendo sido

serrar: Verbo irregular, se conjuga como 'calentar'.

servir: Verbo irregular, se conjuga como 'medir'.

si/ sí: Llevará tilde cuando sea una afirmación.
Sí, iré con vosotros al cine.
Sí, estamos de acuerdo contigo.
Sí, claro.
Sí, te quiero.
En los restantes casos *si* no llevará tilde.
Si bebes no conduzcas.
No sabe si vendrá.
Si quieres, te acompaño.
Si puedo, iré a verte actuar.

sida: Esta palabra es una sigla, pero se escribe con minúscula porque su uso es ya como el de un nombre cualquiera.

sinfín/ sin fin: SINFÍN: Nombre: 'infinidad'.
Podría darte un sinfín de razones por las que hoy no pienso hacerte caso.
No puedo entretenerme más; un sinfín de asuntos me espera sobre la mesa del despacho.
Ahí fuera hay un sinfín de alumnos esperando a que les expliques tu ausencia de ayer.
SIN FIN: Preposición *(sin)* + *fin.*
Esta reunión se está convirtiendo en un fenómeno sin fin.
Las obras sin fin de esta casa están acabando con mis nervios.

sino/ si no: SINO:
– Conjunción adversativa.
No es esto lo que tienes que hacer, sino aquello, ¿comprendes?
No es ella quien tiene la culpa, sino él.
No compré yo tu casa, sino mi madre.
– Nombre: 'destino'.
Ése es nuestro sino: morir.
Al parecer tu sino es estar con hombres que te hagan sufrir, ¿no crees?
¿Tú crees que todos tenemos un sino?

SI NO:
– Conjunción condicional (*si)* + adverbio de negación *(no*).
Si no haces inmediatamente tus deberes, mañana no irás al cine con tus amigos.
Si no sabes disfrutar de la vida, pues no disfrutes, pero no nos amargues la existencia a los demás.
– Conjunción *si* que introduzca interrogativa indirecta + *no*.
Me pregunto si no preferirá que vayamos hoy en lugar de mañana.
Seguro que se estará preguntando si no habremos visto ya sus notas.

sinnúmero/ sin número: SINNÚMERO: Nombre: 'Infinidad'.
Tengo un sinnúmero de problemas y tú vienes a añadir uno más.
Un sinnúmero de quejas aguarda en tu despacho.
Había un sinnúmero de trabajadores en la manifestación de ayer por la tarde.
SIN NÚMERO: Preposición (*sin*) + *número*.
Señora, sin número no puede usted hacer la cola, ¿comprende?
Sin número no hay posibilidad de que yo la atienda, le dije que tenía que tomar uno.

sobrentender: Verbo irregular, se conjuga como 'tender'.

sobrentender/ sobreentender: Ambas grafías son aceptables.

sobreponer: Verbo irregular, se conjuga como 'poner'.

sobresalir: Verbo irregular, se conjuga como 'salir'.

sobreseer: Verbo irregular, se conjuga como 'leer'.

sobrevenir: Verbo irregular, se conjuga como 'venir'.

sobrevolar: Verbo irregular, se conjuga como 'acordar'.

sofá: El plural de *sofá* es *sofás*.

sofreír: Verbo irregular, se conjuga como 'freír'.

solamente: Este adverbio no lleva tilde, pues los adverbios en -*mente*, formados a partir de adjetivos, mantienen la misma acentuación gráfica que los adjetivos de los que provienen. *Solamente* se ha formado añadiendo –*mente* al adjetivo *sola*, y *sola* no tiene tilde, por lo que *solamente* tampoco la tiene.

soldar: Verbo irregular, se conjuga como 'acordar'.

soler: Verbo irregular y defectivo, que sólo se conjuga en los siguientes tiempos:

PRESENTE DE INDICATIVO
suelo
sueles
suele
solemos
soléis
suelen

PRETÉRITO IMPERFECTO DE INDICATIVO
solía
solías
solía
solíamos
solíais
solían

PRESENTE DE SUBJUNTIVO
suela
suelas
suela
solamos
soláis
suelan

PRETÉRITO IMPERFECTO DE SUBJUNTIVO
soliera/ soliese
solieras/ solieses

soliera/ soliese
soliéramos/ soliésemos
solierais/ solieseis
solieran/ soliesen

INFINITIVO
soler

solo/ sólo: SÓLO: equivale a 'solamente'.
Sólo te he pedido que me acompañes al médico.
Sólo sé que no sé nada.
SOLO: adjetivo.
Iré yo solo a la fiesta.
Vete tú solo si quieres.

soltar: Verbo irregular, se conjuga como'acordar'.

sonar: Verbo irregular, se conjuga como 'acordar'.

sonreír: Verbo irregular, se conjuga como 'reír'.

soñar: Verbo irregular, se conjuga como 'acordar'.

sostener: Verbo irregular, se conjuga como 'tener'.

soterrar: Verbo irregular, se conjuga como 'calentar'.

subarrendar: Verbo irregular, se conjuga como 'calentar'.

subentender: Verbo irregular, se conjuga como 'tender'.

subyacer: Verbo irregular, se conjuga como 'yacer'.

sugerir: Verbo irregular, se conjuga como 'adherir'.

sujeción: Esta palabra no contiene *-cc-*, por lo que no debe decirse ni escribirse **sujección*.

superávit: El plural de esta palabra es igual: *los superávit*.

superponer: Verbo irregular, se conjuga como 'poner'.

suponer: Verbo irregular, se conjuga como 'poner'.

suscribir: Verbo regular, participio irregular: suscrito.

suscribir/ subscribir: Las dos grafías son válidas. No obstante, es preferible escribirla sin la *b*, es decir: *suscribir*.

sustancia/ substancia: Las dos grafías son válidas, sin embargo es preferible *sustancia*.

sustancial/ substancial: Las dos grafías son válidas, pero es preferible *sustancial*.

sustituir: Verbo irregular, se conjuga como 'afluir'.

sustraer: Verbo irregular, se conjuga como 'traer'.

sustraer/ substraer: Ambas son válidas. Es preferible, sin embargo, *sustraer*.

suyo/a: Hay quc evitar las siguientes construcciones:
delante suyo/ suya
detrás suyo/ suya
cerca suyo/ cerca suya
Lo correcto es:
delante de él/ ella
detrás de él/ ella
cerca de él/ ella

T

táctil: No debe pronunciarse ni escribirse *tactil*, pues esta palabra lleva tilde en la *a: táctil.*

también: Esta palabra debe llevar siempre una *m* ante la *b*. No obstante, no es del todo inusual encontrar: **tanbién/ tan bien*, y es que al pronunciar esta palabra muchas veces es difícil diferenciar el sonido *m* que obligatoriamente lleva.
Yo también quiero ir al cine.
Mónica me ha dicho que Juan y Pablo también vendrán a la cena de Montse.
Yo también he sido joven, ¿sabes?

tampoco: Esta palabra lleva siempre *m* antes de *p: tampoco*. No debe confundirse en ningún caso con *tan poco* (ver *tan poco*).
Tampoco has comido carne, ¿es que quieres morirte de hambre?
Ellas no vendrán tampoco.
Tampoco me he portado tan mal, ¿no?

tan bien: Debe escribirse en dos palabras y no debe confundirse con la palabra *también*.
¡Se está tan bien aquí!
¿Tú crees que Pepa estará tan bien como nosotras?
Ojalá la ropa me quedara a mí tan bien como te queda a ti.

tan poco: Siempre se escribe en dos palabras. No debe confundirse con *tampoco*.
Comes tan poco que pareces un pajarito.
¿De verdad que has tardado tan poco tiempo en llegar hasta aquí?
Hizo el examen en tan poco tiempo que pensé que suspendería.

tañer: Verbo irregular.

INDICATIVO

Presente
taño
tañes
tañe
tañemos
tañéis
tañen

Pretérito perfecto compuesto
he tañido
has tañido
ha tañido
hemos tañido
habéis tañido
han tañido

Pretérito imperfecto
tañía
tañías
tañía
tañíamos
tañíais
tañían

Pretérito pluscuamperfecto
había tañido
habías tañido
había tañido
habíamos tañido
habíais tañido
habían tañido

Pret. Perf. Simple/Indef.
tañí
tañiste
tañó
tañimos
tañisteis
tañeron

Pretérito anterior
hube tañido
hubiste tañido
hubo tañido
hubimos tañido
hubisteis tañido
hubieron tañido

Futuro simple
tañeré
tañerás
tañerá
tañeremos
tañeréis
tañerán

Futuro compuesto
habré tañido
habrás tañido
habrá tañido
habremos tañido
habréis tañido
habrán tañido

Condicional simple
tañería
tañerías
tañería
tañeríamos

Condicional compuesto
habría tañido
habrías tañido
habría tañido
habríamos tañido

tañeríais	habríais tañido
tañerían	habrían tañido

SUBJUNTIVO

Presente	*Pretérito perfecto*
taña	haya tañido
tañas	hayas tañido
taña	haya tañido
tañamos	hayamos tañido
tañáis	hayáis tañido
tañan	hayan tañido

Pretérito imperfecto	*Pretérito pluscuamperfecto*
tañera/ tañese	hubiera/ hubiese tañido
tañeras/ tañeses	hubieras/ hubieses tañido
tañera/ tañese	hubiera/ hubiese tañido
tañéramos/ tañésemos	hubiéramos/ hubiésemos tañido
tañerais/ tañeseis	hubierais/ hubieseis tañido
tañeran/ tañesen	hubieran/ hubiesen tañido

Futuro simple	*Futuro compuesto*
tañere	hubiere tañido
tañeres	hubieres tañido
tañere	hubiere tañido
tañéremos	hubiéremos tañido
tañereis	hubiereis tañido
tañeren	hubieren tañido

IMPERATIVO
tañe
taña
tañed
tañan

FORMAS NO PERSONALES

Infinitivo: tañer	Infinitivo compuesto: haber tañido
Gerundio: tañendo	Gerundio compuesto: habiendo tañido
Participio: tañido	

taxi: Debe evitarse el uso de *taxis* en singular: *He venido en *taxis.*
Lo correcto: *He venido en taxi.*

te/ té: TÉ: bebida, infusión.
Quiero un té con leche.
El té es una bebida excitante.
Los españoles no toman tanto té como los ingleses.
TE: pronombre personal.
Te lo he dicho mil veces.
Te lo daré a ti, será mejor.
Te lo cuento pero tendrás que guardar el secreto.

temblar: Verbo irregular, se conjuga como 'calentar'.

tender: Verbo irregular.

INDICATIVO

Presente	*Pretérito perfecto compuesto*
tiendo	he tendido
tiendes	has tendido
tiende	ha tendido
tendemos	hemos tendido
tendéis	habéis tendido
tienden	han tendido
Pretérito imperfecto	*Pretérito pluscuamperfecto*
tendía	había tendido
tendías	habías tendido
tendía	había tendido
tendíamos	habíamos tendido
tendíais	habíais tendido
tendían	habían tendido
Pret. Perf. Simple/Indef.	*Pretérito anterior*
tendí	hube tendido
endiste	hubiste tendido
tendió	hubo tendido
tendimos	hubimos tendido
tendisteis	hubisteis tendido
tendieron	hubieron tendido
Futuro simple	*Futuro compuesto*
tenderé	habré tendido
tenderás	habrás tendido

tenderemos	habrá tendido
tenderéis	habremos tendido
tenderán	habréis tendido
Condicional simple	*Condicional compuesto*
tendería	habría tendido
tenderías	habrías tendido
tendería	habría tendido
tenderíamos	habríamos tendido
tenderíais	habríais tendido
tenderían	habrían tendido
SUBJUNTIVO	
Presente	*Pretérito perfecto*
tienda	haya tendido
tiendas	hayas tendido
tienda	haya tendido
tendamos	hayamos tendido
tendáis	hayáis tendido
tiendan	hayan tendido
Pretérito imperfecto	*Pretérito pluscuamperfecto*
tendiera/ tendiese	hubiera/ hubiese tendido
tendieras/ tendieses	hubieras/ hubieses tendido
tendiera/ tendiese	hubiera/ hubiese tendido
tendiéramos/ tendiésemos	hubiéramos/ hubiésemos tendido
tendierais/ tendieseis	hubierais/ hubieseis tendido
tendieran/ tendiesen	hubieran/ hubiesen tendido
Futuro simple	*Futuro compuesto*
tendiere	hubiere tendido
tendieres	hubieres tendido
tendiere	hubiere tendido
tendiéremos	hubiéremos tendido
tendiereis	hubiereis tendido
tendieren	hubieren tendido

IMPERATIVO
tiende
tienda

tended
tiendan

FORMAS NO PERSONALES

Infinitivo: tender	Infinitivo compuesto: haber tendido
Gerundio: tendiendo	Gerundio compuesto: habiendo tendido
Participio: tendido	

tener: Verbo irregular.

INDICATIVO

Presente	*Pretérito perfecto compuesto*
tengo	he tenido
tienes	has tenido
tiene	ha tenido
tenemos	hemos tenido
tenéis	habéis tenido
tienen	han tenido

Pretérito imperfecto	*Pretérito pluscuamperfecto*
tenía	había tenido
tenías	habías tenido
tenía	había tenido
teníamos	habíamos tenido
teníais	habíais tenido
tenían	habían tenido

Pret. Perf. Simple/Indef.	*Pretérito anterior*
tuve	hube tenido
tuviste	hubiste tenido
tuvo	hubo tenido
tuvimos	hubimos tenido
tuvisteis	hubisteis tenido
tuvieron	hubieron tenido

Futuro simple	*Futuro compuesto*
tendré	habré tenido
tendrás	habrás tenido
tendrá	habrá tenido
tendremos	habremos tenido

tendréis	habréis tenido
tendrán	habrán tenido
Condicional simple	*Condicional compuesto*
tendría	habría tenido
tendrías	habrías tenido
tendría	habría tenido
tendríamos	habríamos tenido
tendríais	habríais tenido
tendrían	habrían tenido
SUBJUNTIVO	
Presente	*Pretérito perfecto*
tenga	haya tenido
tengas	hayas tenido
tenga	haya tenido
tengamos	hayamos tenido
tengáis	hayáis tenido
tengan	hayan tenido
Pretérito imperfecto	*Pretérito pluscuamperfecto*
tuviera/ tuviese	hubiera/ hubiese tenido
tuvieras/ tuvieses	hubieras/ hubieses tenido
tuviera/ tuviese	hubiera/ hubiese tenido
tuviéramos/ tuviésemos	hubiéramos/ hubiésemos tenido
tuvierais/ tuvieseis	hubierais/ hubieseis tenido
tuvieran/ tuviesen	hubieran/ hubiesen tenido
Futuro simple	*Futuro compuesto*
tuviere	hubiere tenido
tuvieres	hubieres tenido
tuviere	hubiere tenido
tuviéremos	hubiéremos tenido
tuviereis	hubiereis tenido
tuvieren	hubieren tenido

IMPERATIVO
ten
tenga
tened
tengan

FORMAS NO PERSONALES

Infinitivo: tener	Infinitivo compuesto: haber tenido
Gerundio: teniendo	Gerundio compuesto: habiendo tenido
Participio: tenido	

tentar: Verbo irregular, se conjuga como 'calentar'.

teñir: Verbo irregular, se conjuga como 'ceñir'.

tiovivo: El plural de esta palabra es *tiovivos*.

torcer: Verbo irregular, se conjuga como 'cocer'.

tortícolis: Así es como debe decirse y escribirse. Hay que evitar, por tanto, las siguientes formas incorrectas: **tortícoli, *tortículi, *tortículis*.

tostar: Verbo irregular, se conjuga como 'acordar'.

traducir: Verbo irregular, se conjuga como 'conducir'.

traer: Verbo irregular.

INDICATIVO

Presente	*Pretérito perfecto compuesto*
traigo	he traído
traes	has traído
trae	ha traído
traemos	hemos traído
traéis	habéis traído
traen	han traído

Pretérito imperfecto	*Pretérito pluscuamperfecto*
traía	había traído
traías	habías traído
traía	había traído
traíamos	habíamos traído
traíais	habíais traído
traían	habían traído

Pret. Perf. Simple/Indef.	*Pretérito anterior*
traje	hube traído
trajiste	hubiste traído
trajo	hubo traído
trajimos	hubimos traído
trajisteis	hubisteis traído
trajeron	hubieron traído

Futuro simple	*Futuro compuesto*
traeré	habré traído
traerás	habrás traído
traerá	habrá traído
traeremos	habremos traído
traeréis	habréis traído
traerán	habrán traído

Condicional simple	*Condicional compuesto*
traería	habría traído
traerías	habrías traído
traería	habría traído
traeríamos	habríamos traído
traeríais	habríais traído
traerían	habrían traído

SUBJUNTIVO

Presente	*Pretérito perfecto*
traiga	haya traído
traigas	hayas traído
traiga	haya traído
traigamos	hayamos traído
traigáis	hayáis traído
traigan	hayan traído

Pretérito imperfecto	*Pretérito pluscuamperfecto*
trajera/ trajese	hubiera/ hubiese traído
trajeras/ trajeses	hubieras/ hubieses traído
trajera/ trajese	hubiera/ hubiese traído
trajéramos/ trajésemos	hubiéramos/ hubiésemos traído
trajerais/ trajeseis	hubierais/ hubieseis traído
trajeran/ trajesen	hubieran/ hubiesen traído

Futuro simple	*Futuro compuesto*
trajere	hubiere traído
trajeres	hubieres traído
trajere	hubiere traído
trajéremos	hubiéremos traído
trajereis	hubiereis traído
trajeren	hubieren traído

IMPERATIVO
trae
traiga
traed
traigan

FORMAS NO PERSONALES
Infinitivo: traer — Infinitivo compuesto: haber traído
Gerundio: trayendo — Gerundio compuesto: habiendo traído
Participio: traído

transferir: Verbo irregular, se conjuga como 'adherir'.

trasegar: Verbo irregular, se conjuga como 'abnegar'.

trasladar: No debe escribirse ni decirse **translador*. Lo correcto es *trasladar*.

traspié: Esta palabra es singular, su plural es *traspiés*. Por lo tanto no debe usarse plural cuando es singular: *Éste es el último *traspiés de mi vida.*
Lo correcto: *Éste es el último traspié de mi vida.*

treinta: No debe decirse **trenta*, hay que pronunciar la *i: treinta*.
treinta y uno, treinta y dos, treinta y tres...
Como puede verse en los ejemplos no se escribe en una sola palabra **treintaiuno, *treintaidos...*, es un error hacerlo así. Debe escribirse como en los ejemplos.

tronar: Verbo irregular, se conjuga como 'acordar'. Verbo impersonal.

tropezar: Verbo irregular, se conjuga como 'calentar'.

tu/ tú: TU: no lleva tilde cuando es determinante posesivo, es decir, cuando acompaña a otra palabra en la oración.
Tu falda es muy bonita.
Tu cartera está vieja.
Tu teléfono está estropeado.
Quiero tu bolso.
TÚ: lleva tilde cuando es pronombre, es decir, cuando no acompaña a palabra alguna en la oración.
Tú eres muy lista.
Tú no me quieres.
Ha sido tú.
Tú lo viste.

tuyo/a: Este pronombre no debe usarse en construcciones como las siguientes:
*delante *tuyo/a*
*detrás *tuyo/a*
*cerca *tuyo/a*
Lo correcto:
delante de ti
detrás de ti
cerca de ti

U

u: Puede ser conjunción.
¿Quién vendrá: Juan u Óscar?
¿Qué prefieres: tu pueblo u Orihuela?
Tiene esta conjunción la misma función que *o*, pero se usa *u* cuando precede a una palabra que empieza por *o*.

ultimátum: Esta palabra acaba en *m*, por lo que no debe escribirse **ultimatun*.

V

valer: Verbo irregular.

INDICATIVO

Presente	*Pretérito perfecto compuesto*
valgo	he valido
vales	has valido
vale	ha valido
valemos	hemos valido
valéis	habéis valido
valen	han valido

Pretérito imperfecto	*Pretérito pluscuamperfecto*
valía	había valido
valías	habías valido
valía	había valido
valíamos	habíamos valido
valíais	habíais valido
valían	habían valido

Pret. Perf. Simple/Indef.	*Pretérito anterior*
valí	hube valido
valiste	hubiste valido
valió	hubo valido
valimos	hubimos valido
valisteis	hubisteis valido
valieron	hubieron valido

Futuro simple	*Futuro compuesto*
valdré	habré valido
valdrás	habrás valido
valdrá	habrá valido
valdremos	habremos valido
valdréis	habréis valido
valdrán	habrán valido

Condicional simple	*Condicional compuesto*
valdría	habría valido
valdrías	habrías valido

valdría	habría valido
valdríamos	habríamos valido
valdríais	habríais valido
valdrían	habrían valido

SUBJUNTIVO

Presente	*Pretérito perfecto*
valga	haya valido
valgas	hayas valido
valga	haya valido
valgamos	hayamos valido
valgáis	hayáis valido
valgan	hayan valido

Pretérito imperfecto	*Pretérito pluscuamperfecto*
valiera/ valiese	hubiera/ hubiese valido
valieras/ valieses	hubieras/ hubieses valido
valiera/ valiese	hubiera/ hubiese valido
valiéramos/ valiésemos	hubiéramos/ hubiésemos valido
valierais/ valieseis	hubierais/ hubieseis valido
valieran/ valiesen	hubieran/ hubiesen valido

Futuro simple	*Futuro compuesto*
valiere	hubiere valido
valieres	hubieres valido
valiere	hubiere valido
valiéremos	hubiéremos valido
valiereis	hubiereis valido
valieren	hubieren valido

IMPERATIVO

vale
valga
valed
valgan

FORMAS NO PERSONALES

Infinitivo: valer	Infinitivo compuesto: haber valido
Gerundio: valiendo	Gerundio compuesto: habiendo valido
Participio: valido	

varón: No debe confundirse *varón* con *barón*, pues aunque suenen igual porque en español no se diferencia la *b* de la *v*, son palabras diferentes, con significados distintos.
VARÓN: 'Hombre'.
En el formulario tuve que rellenar la parte correspondiente al sexo, y rellene la casilla donde ponía 'varón'.
Sólo tiene hijas, y su máxima ilusión era haber tenido un hijo varón.
Mi primer hijo varón será quien heredará el libro más antiguo que hay en esta casa, pues así lo ha hecho siempre mi familia.
BARÓN: 'Título'.
¿Sabías que el padre de Federico tenía el título de barón?
¿A ti te gustaría poseer el título de barón?
Si fueras tú el barón en lugar de él igual también irías a fiestas de gente noble.

váter: Así es como debe escribirse esta palabra, pues es la forma española. El plural es *váteres*.

veinte: Hay que evitar la pronunciación **vente*.

veintiuno, veintidós, veintitrés, veinticuatro, veinticinco, veintiséis, veintisiete, veintiocho, veintinueve: Así es como deben escribirse estos números. Hay que poner especial atención al pronunciarlos para que la *i* (*veintiuno, veintidós, veintitrés...*) no se pierda.

venir: Verbo irregular.

INDICATIVO

Presente	*Pretérito perfecto compuesto*
vengo	he venido
vienes	has venido
viene	ha venido
venimos	hemos venido
venís	habéis venido
vienen	han venido

Pretérito imperfecto	*Pretérito pluscuamperfecto*
venía	había venido
venías	habías venido
venía	había venido
veníamos	habíamos venido
veníais	habíais venido
venían	habían venido

Pret. Perf. Simple/Indef.	*Pretérito anterior*
vine	hube venido
viniste	hubiste venido
vino	hubo venido
vinimos	hubimos venido
vinisteis	hubisteis venido
vinieron	hubieron venido

Futuro simple	*Futuro compuesto*
vendré	habré venido
vendrás	habrás venido
vendrá	habrá venido
vendremos	habremos venido
vendréis	habréis venido
vendrán	habrán venido

Condicional simple	*Condicional compuesto*
vendría	habría venido
vendrías	habrías venido
vendría	habría venido
vendríamos	habríamos venido
vendríais	habríais venido
vendrían	habrían venido

SUBJUNTIVO

Presente	*Pretérito perfecto*
venga	haya venido
vengas	hayas venido
venga	haya venido
vengamos	hayamos venido
vengáis	hayáis venido
vengan	hayan venido

Pretérito imperfecto	*Pretérito pluscuamperfecto*
viniera/ viniese	hubiera/ hubiese venido
vinieras/ vinieses	hubieras/ hubieses venido
viniera/ viniese	hubiera/ hubiese venido
viniéramos/ viniésemos	hubiéramos/ hubiésemos venido
vinierais/ vinieseis	hubierais/ hubieseis venido
vinieran/ viniesen	hubieran/ hubiesen venido

Futuro simple	*Futuro compuesto*
viniere	hubiere venido
vinieres	hubieres venido
viniere	hubiere venido
viniéremos	hubiéremos venido
viniereis	hubiereis venido
vinieren	hubieren venido

IMPERATIVO

ven
venga
venid
vengan

FORMAS NO PERSONALES

Infinitivo: venir	Infinitivo compuesto: haber venido
Gerundio: viniendo	Gerundio compuesto: habiendo venido
Participio: venido	

ver: Verbo irregular.

INDICATIVO

Presente	*Pretérito perfecto compuesto*
veo	he visto
ves	has visto
ve	ha visto
vemos	hemos visto
veis	habéis visto
ven	han visto

Pretérito imperfecto	*Pretérito pluscuamperfecto*
veía	había visto
veías	habías visto

veía
veíamos
veíais
veían

había visto
habíamos visto
habíais visto
habían visto

Pret. Perf. Simple/Indef.
vi
viste
vio
vimos
visteis
vieron

Pretérito anterior
hube visto
hubiste visto
hubo visto
hubimos visto
hubisteis visto
hubieron visto

Futuro simple
veré
verás
verá
veremos
veréis
verán

Futuro compuesto
habré visto
habrás visto
habrá visto
habremos visto
habréis visto
habrán visto

Condicional simple
vería
verías
vería
veríamos
veríais
verían

Condicional compuesto
habría visto
habrías visto
habría visto
habríamos visto
habríais visto
habrían visto

SUBJUNTIVO
Presente
vea
veas
vea
veamos
veáis
vean

Pretérito perfecto
haya visto
hayas visto
haya visto
hayamos visto
hayáis visto
hayan visto

Pretérito imperfecto
viera/ viese
vieras/ vieses

Pretérito pluscuampefecto
hubiera/ hubiese visto
hubieras/ hubieses visto

viera/ viese	hubiera/ hubiese visto
viéramos/ viésemos	hubiéramos/ hubiésemos visto
vierais/ vieseis	hubierais/ hubieseis visto
vieran/ viesen	hubieran/ hubiesen visto

Futuro simple	*Futuro compuesto*
viere	hubiere visto
vieres	hubieres visto
viere	hubiere visto
viéremos	hubiéremos visto
viereis	hubiereis visto
vieren	hubieren visto

IMPERATIVO
ve
vea
ved
vean

FORMAS NO PERSONALES

Infinitivo: ver	Infinitivo compuesto: haber visto
Gerundio: viendo	Gerundio compuesto: habiendo visto
Participio: visto	

vergonzante: 'Que tiene vergüenza'.
No debe por tanto emplearse en lugar de *vergonzoso*, ya que su significado es diferente.

verter: Este verbo es *verter* y no **vertir*. Es erróneo decir o escribir **vertir*.
No debe decirse tampoco: **virtió, *virtieron*. Lo correcto es: *vertió, vertieron*.

INDICATIVO

Presente	*Pretérito perfecto compuesto*
vierto	he vertido
viertes	has vertido
vierte	ha vertido
vertemos	hemos vertido
vertéis	habéis vertido
vierten	han vertido

Pretérito imperfecto	*Pretérito pluscuamperfecto*
vertía	había vertido
vertías	habías vertido
vertía	había vertido
vertíamos	habíamos vertido
vertíais	habíais vertido
vertían	habían vertido

Pret. Perf. Simple/Indef.	*Pretérito anterior*
vertí	hube vertido
vertiste	hubiste vertido
vertió	hubo vertido
vertimos	hubimos vertido
vertisteis	hubisteis vertido
vertieron	hubieron vertido

Futuro simple	*Futuro compuesto*
verteré	habré vertido
verterás	habrás vertido
verterá	habrá vertido
verteremos	habremos vertido
verteréis	habréis vertido
verterán	habrán vertido

Condicional simple	*Condicional compuesto*
vertería	habría vertido
vertería	habrías vertido
vertería	habría vertido
verteríamos	habríamos vertido
verteríais	habríais vertido
verterían	habrían vertido

SUBJUNTIVO

Presente	*Pretérito perfecto*
vierta	haya vertido
viertas	hayas vertido
vierta	haya vertido
vertamos	hayamos vertido
vertáis	hayáis vertido
viertan	hayan vertido

Pretérito imperfecto	*Pretérito pluscuamperfecto*
vertiera/ vertiese	hubiera/ hubiese vertido
vertieras/ vertieses	hubieras/ hubieses vertido
vertiera/ vertiese	hubiera/ hubiese vertido
vertiéramos/ vertiésemos	hubiéramos/ hubiésemos vertido
vertierais/ vertieseis	hubierais/ hubieseis vertido
vertieran/ vertiesen	hubieran/ hubiesen vertido

Futuro simple	*Futuro compuesto*
vertiere	hubiere vertido
vertieres	hubieres vertido
vertiere	hubiere vertido
vertiéremos	hubiéremos vertido
vertiereis	hubiereis vertido
vertieren	hubieren vertido

IMPERATIVO
vierte
vierta
verted
viertan

FORMAS NO PERSONALES

Infinitivo: verter	Infinitivo compuesto: haber vertido
Gerundio: vertiendo	Gerundio compuesto: habiendo vertido
Participio: vertido	

ves: Es la segunda persona del presente de indicativo del verbo *ver*.
¿Lo ves?
¿Ves bien la película desde ahí?
¿Ves ya la casa de Tito?
Es incorrecto usar *ves* como imperativo del verbo *ir*.
**Ves al cuarto.*
**Ves a buscar los libros.*
**Ves a tu casa.*
Lo correcto sería:
Ve al cuarto.
Ve a buscar los libros.
Ve a tu casa.

vestir: Verbo irregular, se conjuga como 'medir'.

volar: Verbo irregular, se conjuga como 'acordar'.

volcar: Verbo irregular.

INDICATIVO

Presente	*Pretérito perfecto compuesto*
vuelco	he volcado
vuelcas	has volcado
vuelca	ha volcado
volcamos	hemos volcado
volcáis	habéis volcado
vuelcan	han volcado
Pretérito imperfecto	*Pretérito pluscuamperfecto*
volcaba	había volcado
volcabas	habías volcado
volcaba	había volcado
volcábamos	habíamos volcado
volcabais	habíais volcado
volcaban	habían volcado
Pret. Perf. Simple	*Pretérito anterior*
volqué	hube volcado
volcaste	hubiste volcado
volcó	hubo volcado
volcamos	hubimos volcado
volcasteis	hubisteis volcado
volcaron	hubieron volcado
Futuro simple	*Futuro compuesto*
volcaré	habré volcado
volcarás	habrás volcado
volcará	habrá volcado
volcaremos	habremos volcado
volcaréis	habréis volcado
volcarán	habrán volcado
Condicional simple	*Condicional compuesto*
volcaría	habría volcado
volcarías	habrías volcado

volcaría	habría volcado
volcaríamos	habríamos volcado
volcaríais	habríais volcado
volcarían	habrían volcado

SUBJUNTIVO

Presente	*Pretérito perfecto*
vuelque	haya volcado
vuelques	hayas volcado
vuelque	haya volcado
volquemos	hayáis volcado
vuelquen	hayan volcado

Pretérito imperfecto	*Pretérito pluscuamperfecto*
volcara/ volcase	hubiera/ hubiese volcado
volcaras/ volcases	hubieras/ hubieses volcado
volcara/ volcase	hubiera/ hubiese volcado
volcáramos/ volcásemos	hubiéramos/ hubiésemos volcado
volcarais/ volcaseis	hubierais/ hubieseis volcado
volcaran/ volcasen	hubieran/ hubiesen volcado

Futuro simple	*Futuro compuesto*
volcare	hubiere volcado
volcares	hubieres volcado
volcare	hubiere volcado
volcáremos	hubiéremos volcado
volcareis	hubiereis volcado
volcaren	hubieren volcado

IMPERATIVO

Infinitivo: volcar	Infinitivo compuesto: haber volcado
Gerundio: volcando	Gerundio compuesto: habiendo volcado
Participio: volcado	

volver: Verbo irregular, se conjuga como 'mover'. Participio: vuelto.

votar: No debe confundirse *votar* con *botar*. Son verbos distintos.
VOTAR: 'Presentar el voto'.

Mañana hay que ir a votar; son las elecciones municipales.
Antiguamente las mujeres no podían votar.
Votar es un derecho que tenemos y nadie puede arrebatárnoslo.
BOTAR: 'Dar botes, saltos'.
Cualquiera que se ponga a botar de manera exagerada en el concierto será expulsado.
Si hay que botar para expresar nuestra alegría, pues botamos, por saltar que no quede.
¿Quién te ha dado permiso para botar en mi salón?

vuestro/a: Hay que evitar las siguientes construcciones:
*delante *vuestro/a*
*detrás *vuestro/a*
*cerca *vuestro/a*
Lo correcto:
delante de vosotros/ vosotras
detrás de vosotros/ vosotras
cerca de vosotros/ vosotras

W

w: Esta letra, incorporada a nuestro abecedario con la denominación de *v doble*, proviene de palabras extranjeras, procedentes del alemán y del inglés.
La *w*, coincide en algunos casos con la *b*, v en cuanto a su dicción se refiere. Pero no siempre, pues también puede representar el sonido *u*. Depende de su procedencia.
– *Wagner*: la dicción aquí es similar al sonido de la *b: Bagner*. Palabra procedente del alemán.
– *Wall Street, Whasington, whisky*: el sonido en este caso es como el de la *u: ual, uasington, uiski*. Palabra procedente del inglés.
Así pues podemos concluir lo siguiente:.
Si son palabras alemanas la *w* deberá pronunciarse como *b: Wagner (bagner), wagneriano (bagneriano), wolframio (bolframio).*
Si son palabras inglesas la *w* se pronunciará como *u: Whasington (uasington), waterpolo (uaterpolo), web (ueb), windsurf (uindsurf).*

whisky: La palabra inglesa *whisky* ha sido admitida por la RAE con la escritura *güisqui*, lo que no supone que deba escribirse siempre así, también *whisky* es correcto.

X

xilófono: Es mejor usar esta palabra que usar *xilofón.*

Y

yacer: Verbo irregular.

INDICATIVO

Presente
yazco/ yazgo/ yago
yaces
yace
yacemos
yacéis
yacen

Pretérito perfecto compuesto
he yacido
has yacido
ha yacido
hemos yacido
habéis yacido
han yacido

Pretérito imperfecto
yacía
yacías
yacía
yacíamos
yacíais
yacían

Pretérito pluscuamperfecto
había yacido
habías yacido
había yacido
habíamos yacido
habíais yacido
habían yacido

Pret. Perf. Simple/Indef.
yací
yaciste
yació
yacimos
yacisteis
yacieron

Pretérito anterior
hube yacido
hubiste yacido
hubo yacido
hubimos yacido
hubisteis yacido
hubieron yacido

Futuro simple
yaceré
yacerás
yacerá
yaceremos
yaceréis
yacerán

Futuro compuesto
habré yacido
habrás yacido
habrá yacido
habremos yacido
habréis yacido
habrán yacido

Condicional simple
yacería
yacerías
yacería

Condicional compuesto
habría yacido
habrías yacido
habría yacido

yaceríamos	habríamos yacido
yaceríais	habríais yacido
yacerían	habrían yacido

SUBJUNTIVO

Presente	*Pretérito perfecto*
yazca/ yazga/ yaga	haya yacido
yazcas/ yazgas/ yagas	hayas yacido
yazca/ yazga/ yaga	haya yacido
yazcamos/ yazgamos/ yagamos	hayamos yacido
yazcáis/ yazgáis/ yagáis	hayáis yacido
yazcan/ yazgan/ yagan	hayan yacido

Pretérito imperfecto	*Pretérito pluscuamperfecto*
yaciera/ yaciese	hubiera/ hubiese yacido
yacieras/ yacieses	hubieras/ hubieses yacido
yaciera/ yaciese	hubiera/ hubiese yacido
yaciéramos/ yaciésemos	hubiéramos/ hubiésemos yacido
yacierais/ yacieseis	hubierais/ hubieseis yacido
yacieran/ yaciesen	hubieran/ hubiesen yacido

IMPERATIVO

yace
yazca/ yazga/ yaga
yaced
yazcan/ yazgan/ yagan

FORMAS NO PERSONALES

Infinitivo: yacer	Infinitivo compuesto: haber yacido
Gerundio: yaciendo	Gerundio compuesto: habiendo yacido
Participio: yacido	

yanqui: El plural de esta palabra es *yanquis*.

yogur: Así debe escribirse esta palabra.

yudo/judo: Ambas grafías son válidas.

yudoca: Así debe escribirse esta palabra.

yuxtaponer: Verbo irregular, se conjuga como 'poner'.

Z

zaherir: Verbo irregular, se conjuga como 'adherir'.

zambullir: Verbo irregular, se conjuga como 'mullir'.

zéjel: Esta palabra se escribe con *z* y no con *c* como era de esperar. La *z* ha de ir delante de *a(zapato), o(zote), u(zulú)*, y la *c* representa el sonido *z* delante de *e (celos), i(cilindro)*. Sin embargo, en *zéjel* es una *z* lo que precede a *e* y no una *c*.

zinc: Esta palabra se escribe con *z* y no con *c* como era de esperar. La *z* ha de ir ante *a (zalamero), o (zozobra), u (zueco)*, y la *c* representa el sonido *z* ante *e (cepo), i (circo)*. No obstante, en el caso de *zinc* es una *z* lo que precede a *i* y no una *c* como era de esperar.
Es válida también la grafía *cinc*.

Zodiaco/ Zodíaco: Ambas grafías son correctas.

Capítulo II

Locuciones y expresiones latinas

ab initio: 'Desde el principio'.
Se escribe en dos palabras: *ab initio.*

ab intestato: 'Descuidada, abandonadamente.|| Sin testamento'.

abintestato: 'Procedimiento judicial sobre herencia y adjudicación de bienes de quien muere sin testar'.

ad hoc: Expresión latina que se emplea cuando queremos decir: 'para el caso'.

ad líbitum: Locución latina que significa 'a gusto, a voluntad'.

ad litteram: Locución latina. 'Literalmente, al pie de la letra'.

ex profeso: 'Deliberadamente'.
Lo hizo ex profeso para que tú tuvieras esta oportunidad.

grosso modo: 'En líneas generales'.
Hay que evitar decir o escribir una *a* antes de esta locución latina. Es incorrecto decir o escribir **a grosso modo*.

in fraganti: Esta expresión proviene de una locución latina. No debe decirse **en fraganti*, sino *in fraganti.*
Te pillaron in fraganti, ¿eh?

motu proprio: Es incorrecto decir o escribir: *motu *propio.* Lo correcto es: *motu proprio.* No debe eliminarse la *r* de *–prio (pro***r***io).*

non grata: Así es como debe usarse esta expresión: *non grata (persona non grata).*

pane lucrando: Significa literalmente 'ganándose el pan'. 'Dicho de hacer obras artísticas o literarias: Sin el esmero debido, ni por amor al arte y a la gloria, sino descuidadamente y con el exclusivo fin de ganarse la vida'.

statu quo: 'Estado de cosas en un determinado momento'.

veni, vidi, vici: Atención con la última palabra de esta frase latina, pues no es **vinci*, sino *vici.*

vía crucis: Es masculino, no femenino. Por consiguiente no debe emplearse con el artículo *la* delante, sino con *el.*
No puede escribirse como una sola palabra. Lo correcto: *vía crucis.*

Capítulo III

Masculino y femenino

A

MASCULINO	FEMENINO
agente *¿Ya tienes agente literario?*	**agente** *Me ha dicho la agente que le mande el libro por correo.*
alcalde *Mi padre es el alcalde del pueblo.*	**alcaldesa** *La alcaldesa asistirá a la conferencia.*
artista *Juan es un buen artista y así lo ha demostrado.*	**artista** *Anastasia es una gran artista.*
asno *Mi abuelo tenía un asno en la finca.* *El asno es el animal que menos me gusta.* *Los asnos que tienes están desnutridos.*	**asna** Si está en singular y va acompañado de un determinante artículo, éste irá obligatoriamente en masculino: *el asna/ un asna*. Si el determinante es demostrativo irá en femenino: *es asna/ esta asna/ aquella asna*. En plural el determinante siempre será femenino: *unas asnas/ las asnas/ esas asnas/ estas asnas/ aquellas asnas*

C

MASCULINO	FEMENINO
caballo *Tengo un caballo blanco.*	**yegua** *La yegua está enferma.*
cantante *Mi primo es el cantante que vino ayer a la fiesta.*	**cantante** *La cantante invitada se llama Marta.*
cliente *El cliente se fue satisfecho.*	**clienta** *La clienta se fue satisfecha.*
cofrade *El cofrade no aguantó toda la procesión.*	**cofrade** *La cofrade se llama Marta.*

colega	**colega**
Juan es el colega del que te hablé.	*Es una colega del hospital.*
cónsul	**consulesa/ cónsul**
Mi marido es el cónsul.	*Cuando fui consulesa disfruté mucho.*
	Cuando Ana era cónsul todo iba mejor.
cónyuge	**cónyuge**
Federico es mi cónyuge.	*Marta es mi cónyuge.*

D

MASCULINO	FEMENINO
dependiente	**dependienta**
Juan es dependiente en una tienda de ropa.	*Hay que despedir a la nueva dependienta, porque ayer robó parte del dinero de la caja.*
diablo	**diabla**
Este niño es un diablo, ¿eh?	*¡Vaya una diabla!*
	diablesa
	¡Menuda diablesa eres tú!
director	**directora**
El nuevo director del colegio es un hombre muy agradable.	*La directora del colegio ha decidido que los padres no nos reunamos más.*
doctor	**doctora**
El doctor no tardará en llegar.	*La doctora no ha llegado aún.*

E

MASCULINO	FEMENINO
embajador	**embajadora**
La llegada del embajador causó gran expectación.	*Recibieron a la embajadora con poca ilusión.*
emperador	**emperatriz**
El emperador viajará por toda Europa el mes que viene.	*La emperatriz no dio muestras de enfado en ningún momento.*

F

MASCULINO	FEMENINO
fiscal	**fiscal**
El fiscal pidió una pena para el acusado demasiado alta.	*La fiscal pidió una pena para el acusado demasiado alta.*

H

MASCULINO	FEMENINO
héroe	**heroína**
Todos le consideran un héroe, pero en realidad no lo es.	*Al final la heroína de la novela acaba muriendo.*

I

MASCULINO	FEMENINO
ingeniero	**ingeniera**
Es el mejor ingeniero de toda la ciudad.	*Siempre quiso ser ingeniera y al final lo ha conseguido.*

J

MASCULINO	FEMENINO
jabalí	**jabalina**
Hay un jabalí en este prado, así que tened cuidado.	*¿Estás seguro de que era una jabalina y no un jabalí?*
juez	**juez:** puede usarse como femenino.
El juez ante el que declaré era un hombre joven y guapo.	*La juez no supo cómo reaccionar ante lo sucedido.*
	jueza: en un principio mediante esta palabra se denominaba a la 'mujer del juez', mas actualmente puede emplearse para designar a una mujer que es juez.
	La jueza tardó un mes en dictar sentencia.

L

MASCULINO	FEMENINO
letrado	**letrada**
Juan es letrado.	*La letrada no tenía confianza en su defendido, sin embargo ejerció la defensa con rigor.*

M

MASCULINO	FEMENINO
modisto/ modista	**modista**
Juan es un modisto excepcional. *El modista sorprendió a todos.*	*Amalia siempre ha querido ser modista.*
ministro	**ministra**

El ministro llegó dos horas tarde a la inauguración.	*La ministra se enfrentó como pudo a las protestas.*

P

MASCULINO	FEMENINO
patrón/ patrono	**patrona**
Están todos cortados por el mismo patrón. *El patrón del barco es mi tío.* *Eso díselo al patrono, que es quien contrata.*	*Tienes que hablar con la patrona, es ella quien manda en esta pensión.*
periodista	**periodista**
El periodista que te presenté ayer es amigo de Carlos.	*Mi hermana Sonia es una periodista con mucha experiencia.*

S

MASCULINO	FEMENINO
sacerdote	**sacerdotisa**
Juan siempre fue un buen sacerdote.	*La abuela de Rosa siempre quiso ser sacerdotisa.*
sastre	**sastra**
Joaquín es el mejor sastre de la ciudad.	*Yo prefiero que Inés sea sastra a que sea barrendera.*
soldado	**soldado**
Mi hijo es un buen soldado.	*La soldado no supo afrontar la situación con serenidad.*
suicida	**suicida**
el suicida	*la suicida*

T

MASCULINO	FEMENINO
torero	**torera**
Dice Juanito que de mayor quiere ser torero.	*Es una pena que no la hayan dejado torear hoy, porque es una gran torera.*

Z

MASCULINO	FEMENINO
zar	**zarina**
El zar ha podido volver a su país.	*La zarina fue recibida con poco entusiasmo.*
zoólogo	**zoóloga**
Mi marido sí que era un buen zoólogo.	*Mi hija es una excelente zoóloga.*

Capítulo IV

Los numerales

1. Los ordinales

– Los numerales ordinales expresan género:
Masculino: *primero, segundo, tercero, cuarto, quinto, sexto...*
Femenino: *primera, segunda, tercera, cuarta, quinta, sexta...*

– Los numerales ordinales expresan número:
Singular: *primero, segundo, tercero, cuarto, quinto, sexto...*
Plural: *primeros, segundos, terceros, cuartos, quintos, sextos...*

– Los numerales ordinales pueden ser:
Pronombre: no acompañan a palabra alguna en la oración.
Yo fui el primero/ la primera en llegar a la meta.
Sergio cantó el primero.
Belén será la segunda.
En los ejemplos puede verse cómo el numeral no acompaña a palabra alguna en la oración.

– Determinante: acompaña obligatoriamente a un sustantivo.
Yo fui la primera mujer que viajó en avión.
Mi padre fue el primer hombre que viajó en avión.
Mi hermano Juan fue el segundo hijo que tuvo mi madre con mi padre.

1.1. Escritura de los ordinales

– Del *primero/a* al *vigésimo/a* deben escribirse todos los ordinales en una única palabra.

ORDINALES	EJEMPLOS
primer (determinante)	*Quise ser el primer chico con pelo largo, pero fue imposible.* *El primer perro que tuve se murió muy pronto.*
primero (pronombre)	*Siempre serás el primero para mí.* *El primero que llegue, gana el premio.*

primera	*La primera mujer que conocí me despreció.* *La primera es la peor.*
segunda	*¿Quién fue la segunda?* *Mi segunda mujer me amó muchísimo.*
segundo	*Has sido el segundo en llegar.* *Suspendió el segundo examen.*
tercer (determinante)	*Ha salido ya el tercer avión.*
tercero (pronombre)	*¿Quedó el tercero?*
tercera	*Llegué la tercera.* *La tercera vez que te vi, me enamoré de ti.*
cuarta	*La oficina de Sancho está en la cuarta planta.* *Fui la cuarta.*
cuarto	*Quiero ser el cuarto.* *El cuarto piso es el de Jaime.*
quinta	*Es la quinta vez que te mando callar.* *He sido la quinta.*
quinto	*Éste es el quinto empleo que tengo en lo que va de año.* *He sido el quinto trabajador de este pueblo más despedido.*
sexta	*En la lista de mi clase yo soy la sexta.* *Es la sexta vez que te repito lo mismo.*
sexto	*Es usted el sexto, así que tendrá que esperar.* *El sexto mes de embarazo no es el peor.*
séptima	*¿No te molesta haber sido la séptima?* *Ésta es la séptima semana que trabajo.*
séptimo	*Soy el séptimo en la lista.* *¿Éste es el séptimo piso?*
octava	*La octava puerta a la derecha es el aseo.* *Está en la octava semana de embarazo.*
octavo	*Soy el octavo.* *Es el octavo coche que me compro.*
novena	*¿Dices que soy la novena mujer en la lista de mujeres sospechosas?* *Fue la novena.*
noveno/ nono	*El noveno puesto no está tan mal.* *Ser el noveno no es malo.*
décima	*De acuerdo, si así lo queréis yo seré la décima.* *Ésta es la décima visita que hago hoy.*

décimo	
undécimo	*Es el undécimo mitin que da.* *Juan será el undécimo.*
undécima	*Es el undécimo castigo que te pongo.* *Seré yo la undécima.*
duodécimo	*Esa casa tiene trece pisos y yo vivo en el duodécimo.* *Seré el duodécimo.*
duodécima	*Es la duodécima planta que compro este invierno.* *Ser la duodécima no me ofende.*
decimotercera	*Es la decimotercera vez que te mando callar.* *Se cree que me importa haber quedado la decimotercera.*
decimotercero	*Ha sido el decimotercero en llegar.* *Es el decimotercero cigarro que fumas hoy.*
decimocuarta	*Es la decimocuarta vez que te digo que te vayas a la cama.* *Haber sido la decimocuarta no es tan grave.*
decimocuarto	*Es el decimocuarto libro que leo este mes.* *Éste es el decimocuarto.*
decimoquinta	*Voy a la decimoquinta planta.* *Fui la decimoquinta, es decir, la última, pero no me importó.*
decimoquinto	*Éste es el decimoquinto día que trabajo aquí.* *Voy al decimoquinto piso.*
decimosexta	*Ésta es la decimosexta edición de su novela.* *Hubiera llegado, si hubiera terminado la carrera, la decimosexta.*
decimosexto	*Es el decimosexto café que bebes esta tarde.* *Reconozco que fui el decimosexto.*
decimoséptima	*Es la decimoséptima manzana que te comes hoy.* *A la decimoséptima lo consiguió.*
decimoséptimo	*Es el decimoséptimo vaso de agua que bebo.* *Seré yo el decimoséptimo.*
decimoctava	*La decimoctava casa que se construyó en esta urbanización acabó cayéndose.*
decimoctavo	*Es el decimoctavo mes de paro.* *Es el decimoctavo.*
decimonovena	*La decimonovena novia que tuve fue la definitiva.* *Juana fue la decimonovena.*
decimonoveno/ nono	*Es su decimonoveno empleo.* *Será siempre el decimonoveno.*

vigésima	*La vigésima novia que tuve fue la definitiva.* *La vigésima fue Sonia, no Clara.*
vigésimo	*El vigésimo piso está muy alto.* *Mi abuelo fue el vigésimo, y por tanto, el último en llegar.*

– A partir del *vigésimo/a* los ordinales se escriben en dos palabras.

ORDINALES	EJEMPLOS
Vigésima primera	*Fue la vigésima primera en llegar.*
Vigésimo primero	*Prefiero ser el vigésimo primero que el trigésimo.*
Vigésima segunda	*Es la vigésima segunda vez que rompo con mi novio.*
Vigésimo segundo	*Para mí no es humillante ser el vigésimo segundo.*
Vigésima tercera	*Es la vigésima tercera tarta que te comes en un mes.*
Vigésimo tercero	*Es el vigésimo tercer regalo que recibes.*
Vigésima cuarta	*Eres la vigésima cuarta novia que tengo, ¿qué te parece?*
Vigésimo cuarto	*Eres el vigésimo cuarto novio que tengo, ¿qué te parece?*
Vigésima quinta	*Es la vigésima quinta vez que leo 'La Celestina'.*
Vigésimo quinto	*Es el vigésimo quinto disco que escucho hoy.*
Vigésima sexta	*Yo soy su vigésima sexta novia.*
Vigésimo sexto	*Es imposible que sea su vigésimo sexto hijo.*
Vigésima séptima	*Es la vigésima séptima vez que le castigo este mes.*
Vigésimo séptimo	*Es el vigésimo séptimo amor que tiene.*
Vigésima octava	*La vigésima octava cita que tuvimos fue la mejor.*
Vigésimo octavo	*De verdad, soy su vigésimo octavo novio.*
Vigésima novena	*Es la vigésima novena obra de teatro que ve este año.*
Vigésimo noveno/nono	*No me importa ser su vigésimo noveno novio.*

Como ha podido comprobarse en la tabla, los ordinales expresan género en las dos palabras:

MASCULINO: *vigésimo primero*

FEMENINO: *vigésima primera*

El género del numeral será masculino o femenino dependiendo del género que tenga la palabra a la que acompaña si es determinante o a la que se refiere si es pronombre.

Hay que evitar este error:

*Llegué la *vigésimo segunda.*

Lo correcto es:

Llegué la vigésima primera.

También ha de concordar el numeral en número, es decir, en singular o en plural. Así, si el numeral es singular se escribirá como todos los ejemplos vistos en la tabla. Si, en cambio, el numeral es plural se escribirá de la siguiente manera:

Hemos sido los decimocuartos.

¿Te importa mucho que hayamos llegado los primeros?

Te ha molestado que hayamos quedado las segundas, ¿verdad?

Cuando se escriben los ordinales en forma numérica, la letra volada que los acompaña ha de reflejar el género y el número:

1º _ primero
1ª _ primera
1os _ primeros
1as _ primeras
2º _ segundo
2ª _ segunda
2os _ segundos
2as _ segundas
3º _ tercero
3ª _ tercera
3os _ terceros
3as _ terceras

A partir del vigésimo primero (21º) los ordinales se escriben en dos palabras, salvo los números 30º, 40º, 50º, 60º... etc. Los restantes se forman como los vistos en la tabla que mostraba desde el vigésimo primero hasta el vigésimo noveno.

En la siguiente lista se recogen los números ordinales cuya escritura puede suscitar dudas.

trigésimo/a_30º / 30ª (los restantes son como los vistos, es decir añadiendo *primero, segundo, tercero,* pero siempre respetando la escritura en dos palabras: *trigésimo/a primero/a, trigésimo/a segundo/a...* etc.).

cuadragésimo/a_ 40º/ 40ª (cuadragésimo/a primero/a, cuadragésimo/a , cuadragésimo/a segundo/a...).

quincuagésimo_ 50º / 50ª

sexagésimo/a_ 60º / 60ª

septuagésimo/a_ 70º / 70ª

octogésimo/a_ 80º / 80ª
nonagésimo/a_ 90º / 90ª
centésimo/a_ 100º / 100ª
duocéntesimo/a_ 200º / 200ª
tricentésimo/a_ 300º / 300ª
cuadringentésimo/a_ 400º/ 400ª
quingentésimo/a_ 500º/ 500ª
sexcentésimo/a_ 600º/ 600ª
septingentésimo/a_ 700º 700ª
octingentésimo/a_ 800º/ 800ª
noningentésimo/a_ 900º/ 900ª
milésimo/a_ 1.000º / 1.000ª
dosmilésimo_ 2.000º/ 2.000ª
milésimo/a centésimo/a_ 1.100º/ 1.100ª
milésimo/a quincuagésimo/a_ 1.500º/ 1.500ª
millonésimo_ 1.000.000º/ 1.000.000ª

2. Los cardinales

– Todos los cardinales comprendidos entre uno y treinta se escriben en una palabra:
veintiuno, veintidós, veintitrés, veinticuatro, veinticinco, veintiséis, veintisiete, veintiocho, veintinueve.
Salvo cuatro números que pueden escribirse en una o en dos palabras. Son los siguientes:

dieciséis — *diez y seis*
diecisiete — *diez y siete*
dieciocho — *diez y ocho*
diecinueve — *diez y nueve*

– A partir del número *treinta y uno* se escriben en dos palabras.
treinta y dos
cuarenta y tres
cincuenta y cuatro
sesenta y cinco
setenta y seis
ochenta y siete
noventa y ocho
noventa y nueve
Salvo los múltiplos de diez que se escriben en una palabra:

cuarenta, cincuenta, sesenta, setenta, ochenta, noventa, cien, doscientos, trescientos, cuatrocientos, quinientos, seiscientos, setecientos, ochocientos, novecientos, mil.

– Del *cien* al *mil* se escriben poniendo primero las centenas (*ciento*).

ciento uno
doscientos veintiocho
trescientos treinta y nueve
cuatrocientos noventa
quinientos ochenta y cuatro
novecientos cuarenta y dos

Los múltiplos de *cien*, tal y como se ve en los ejemplos anteriores, se escriben en una palabra:

cien
doscientos/as
trescientos/as
cuatrocientos/as
quinientos/as
seiscientos/as
setecientos/as
ochocientos/as
novecientos/as

– A partir de *mil* y hasta un *millón* se escriben los múltiplos de *mil* en dos palabras.

dos mil
cinco mil
seis mil
siete mil
diez mil
veinte mil
treinta mil
cuarenta mil
cincuenta mil
sesenta mil
ochenta mil
noventa mil
cien mil
doscientos mil
ochocientos mil

Los números restantes se escriben así:
mil ciento cincuenta y tres
dos mil seiscientos ochenta y cuatro
tres mil doscientos
cuatro mil cien
cinco mil quinientos veinticuatro
seis mil seis

–*Millón* y *billón* se forman igual que los números comprendidos entre *mil* y *un millón*.
tres millones doscientos treinta y cuatro mil
cuatro millones cuatrocientos diez mil
cinco millones seiscientas noventa y dos mil
dos billones trescientos treinta y tres millones

Capítulo V

Incorrecciones frecuentes

1. El artículo y el nombre propio

Es incorrecto anteponer *el/ la* a un nombre propio.
INCORRECTO: **La María está muy delgada.*
CORRECTO: *María está muy delgada.*
INCORRECTO: **El Paco viene hoy.*
CORRECTO: *Paco viene hoy.*
Solamente podrá usarse artículo antes del nombre propio en construcciones del siguiente tipo:
Que levanten la mano todas las Marías que haya en clase.
Todos los Juanes de mi familia son guapos.

2. Más mayor

Esta construcción: *más mayor* no debe utilizarse salvo en un caso.
INCORRECTO: *Ana es más mayor que Juana.*
CORRECTO: *Ana es mayor que Juana.*
El adjetivo *mayor* es comparativo, por lo que no necesita *más*.
INCORRECTO: *Mi tía es más mayor que tu tía.*
CORRECTO: *Mi tía es mayor que tu tía.*
Sólo en un caso es correcto emplear *más*.
Cuando sea más mayor haré lo que quiera.
Si prescindimos de *más* la oración resultante tiene otro significado:
Cuando sea mayor haré lo que quiera.
En el primer caso (*más mayor*) se entiende que la persona que habla no tiene necesariamente que ser pequeña, mientras que en el segundo caso (*mayor*) la persona que habla es necesariamente pequeña.
Podrás salir por la noche cuando seas más mayor.
Tendré un buen coche cuando sea más mayor.
Si prescindimos de *más* el sentido de la oración no es el mismo:
Podrás salir por la noche cuando seas mayor.
Tendré un buen coche cuando sea mayor.

3. Mayor/ menor/ mejor/ peor/ inferior/ superior

Estos adjetivos son comparativos y salvo en el caso explicado en el apartado anterior (*más mayor*) no admiten: *más/ menos/ tan*. Al ser adjetivos comparativos llevan ya implícitas tales partículas comparativas.

INCORRECTO: *Juan es más mayor que yo.*
CORRECTO: *Juan es mayor que yo.*
INCORRECTO: *Juan es menos mayor que yo.*
CORRECTO: *Juan es menor que yo.*
INCORRECTO: *Juan es más menor que yo.*
CORRECTO: *Juan es menor que yo.*
INCORRECTO: *Eres más peor que él.*
CORRECTO: *Eres peor que él.*
INCORRECTO: *Eres menos peor que él.*
CORRECTO: *Eres mejor que él.*
INCORRECTO: *Somos más mejores que vosotros.*
CORRECTO: *Somos mejores que vosotros.*
INCORRECTO: *Hemos sido menos mejores que ellos.*
CORRECTO: *Hemos sido peores que ellos.*

4. Muy + Superlativo

Cuando un adjetivo está ya en grado superlativo, por ejemplo: *guapísimo, buenísimo, riquísimo...*, no admite la anteposición de *muy*.

INCORRECTO: *Este pollo está *muy buenísimo.*
CORRECTO: *Este pollo está buenísimo.*
INCORRECTO: *Este chico es *muy guapísimo.*
CORRECTO: *Este chico es guapísimo.*
INCORRECTO: *Mi hijo es *muy buenísimo.*
CORRECTO: *Mi hijo es buenísimo.*

5. Nombres femeninos + Artículo masculino

Existen en español algunos nombres que siendo femeninos llevan en singular artículo masculino.

el águila *el agua* *el aula* *el arma* *el hacha*
el alma *el ama* *el área*

Sin embargo, en plural el artículo que acompaña a tales nombres es femenino.

las águilas *las aguas* *las aulas* *las armas* *las hachas*
las almas *las amas* *las áreas*

Esto es así porque todos los sustantivos femeninos que comiencen por *a-* o *ha-* tónicas deberán llevar en singular el artículo *el* y nunca *la*.

Si entre el artículo y el sustantivo hay otra palabra el artículo será *la*.

la inmensa águila
la salada agua
la pequeña aula
la peligrosa arma
la vieja hacha
la triste alma
la joven ama
las grandes áreas

En el siguiente caso también llevará determinante masculino:

un águila *un ama* *un hacha* *un ama*

En plural será femenino:

unas águilas *unas amas* *unas hachas* *unas amas*

Si es un demostrativo lo que antecede al sustantivo femenino con *a-*, *ha* tónicas, éste estará en femenino.

esa/ esta águila *esa/ esta/ aquella agua*
esa/ esta/ aquella aula *esa/ esta/ aquella arma*
esa/ esta/ aquella hacha *esa alma/ esta/ aquella alma*
esa ama/ esta ama/ aquella ama *esa/ esta/ aquella área*

Si es un indefinido lo que antecede al sustantivo femenino con *a-*, *ha* tónicas, el indefinido será femenino.

mucha/ poca/ demasiada/ tanta agua

6. Loísmo, laísmo, leísmo

Es imprescindible saber qué es un complemento directo y un complemento indirecto para evitar el loísmo, laísmo y leísmo. Por esta razón se explica en primer lugar qué es un CD (complemento directo) y qué es un CI (complemento indirecto).

6.1. Complemento directo

– El complemento directo sólo puede complementar a verbos transitivos, que son aquéllos que exigen un sintagma nominal en función de complemento directo.

Carmen está buscando un libro.

El verbo de la oración necesita el complemento directo (*un libro*) de manera obligatoria, no pudiendo prescindir de él, pues el significado de la oración no sería completo:

**Carmen está buscando.*

– Como prueba para saber si el complemento directo es realmente un complemento directo se puede sustituir por *lo, la, los, las*.

Carmen está buscando un libro._Carmen lo está buscando.
Mi hermana ya ha recibido tu carta.-
_Mi hermana ya la ha recibido.
Ellos construyeron esas tapias.-_Ellos las construyeron.

– Algunos verbos transitivos no precisan obligatoriamente un complemento directo, pudiendo aparecer con otros complementos.

Leo poco.
Hoy como con Sergio.

– El complemento directo puede ir en algunos casos introducido por una preposición, pero sólo por *a*.

Buscamos a Julio. _ Lo buscamos.

– Pueden desempeñar la función de complemento directo los pronombres *me, te, se, nos, os*.

Me miro en el espejo constantemente.
Te vi, sí, lo reconozco.

En estos casos la sustitución por *lo, la, los, las* no es posible.

6.2. Complemento indirecto

– El complemento indirecto siempre va introducido por la preposición *a*:

(1). *Da el regalo a Darío.*
(2). *Hice unas fotos al gato.*
(3). *Compró caramelos a Jaime.*

– Mediante el complemento indirecto se designa o señala a la persona, cosa o animal a quien se dirige la acción del verbo. En los ejemplos:

(1). El C.I. es *Darío*, pues es a él a quien va dirigida la acción.

(2). El C.I. es *gato*, pues a él va dirigida la acción, es a él a quien hacen las fotos.

(3). El C.I. es *Jaime*, pues a él es a quien le compran caramelos.

– Como prueba de reconocimiento se sustituye el complemento indirecto por el pronombre *le, les*:

Da el regalo a Darío._ Dale el regalo.
Hice unas fotos al gato._ Le hice unas fotos.
Compró caramelos a Jaime._ Le compré caramelos
Vende pinturas a mis primas. _ Les vende pinturas.

– En determinados enunciados el complemento indirecto se sustituye por *se* en lugar de por *le*:

Si en la oración *Dale el regalo a Darío* sustituyo el complemento directo por *lo*, ya no puedo sustituir el complemento indirecto por *le*, pues ocurriría lo siguiente:

**Dálelo.*

En estos casos el complemento indirecto se sustituye por *se*:

Dáselo.

– El complemento indirecto puede complementar tanto a verbos transitivos como a verbos intransitivos.

6.3. Loísmo/ laísmo

– Las formas *lo* y *la* siempre son complemento directo, por lo que emplearlas cuando no lo son provoca las incorrecciones denominadas loísmo y laísmo.

Ejemplos de *lo, la* como complementos directos, es decir usados correctamente:

tengo el lápiz_ lo tengo
tengo la caja_ la tengo

Si usáramos *lo, la* cuando es complemento indirecto estaríamos cometiendo loísmo (en el caso de ser *lo*) y laísmo (en el caso de *la*).

Ejemplo de loísmo:

** Lo doy la carne.*

Lo correcto:
Le doy la carne.
Ejemplo de laísmo:
* *La doy el chocolate.*
Lo correcto:
Le doy el chocolate.

6.4. Leísmo

– Las formas átonas *le, les* son siempre complemento indirecto.

Di el regalo a Juan.	*Le di el regalo.*
Di la bolsa a María.	*Le di la bolsa.*
Di la bolsa a mis hermanos.	*Les di la bolsa.*

Tanto si se refiere a él como a ella, la forma del complemento indirecto es siempre *le*. Por esta razón hay que evitar el error de poner *la* siempre que sea femenino, pues en el caso del complemento indirecto, *le* designa tanto a masculino como a femenino.

– Si ponemos *le, les* en lugar de *lo(s), la(s)* estaremos cometiendo leísmo.

Leísmo:	*He roto el lápiz.*	**Le he roto.*
Lo correcto:	*Lo he roto.*	

7. Queísmo y dequeísmo

7.1. Queísmo

El queísmo se produce cuando no se pone la preposición *de* en casos en los que debería ponerse.

(1). **Me informó que había un examen.*
Me informó **de** *que había un examen.*
(2). **Me alegro que hayáis sacado tan buenas notas.*
Me alegro **de** *que hayáis sacado tan buenas notas.*

Tanto en el ejemplo (1) como en el ejemplo (2) falta la preposición *de*. A esto se le llama queísmo.

7.2. Dequeísmo

El dequeísmo se produce cuando se pone la preposición *de* en casos en los que no debería ponerse.

(1). *Pienso de que tú tienes razón.
Pienso que tú tienes razón.
(2). *Creo de que el examen será mañana.
Creo que el examen será mañana.

8. El verbo "haber"

El verbo 'haber' puede ser auxiliar (*he comido, has dicho, había salido, habrá jugado...*) y puede ser núcleo de un predicado (ejemplo: *había mucha gente*).

Cuando no es auxiliar, el verbo 'haber' sólo puede ponerse en tercera persona del singular.

Había mucha gente en el cine.
Había muchos animales en el zoo.
Ha habido muchos niños que no han llegado a clase.

Este verbo no puede conjugarse más que en tercera persona del singular, por lo que si aparece en tercera persona del plural se estará cometiendo un error.

INCORRECTO: *Habían muchas niñas en el parque.
CORRECTO: *Había muchas niñas en el parque.*
INCORRECTO: *Han habido muchos casos de robo.
CORRECTO: *Ha habido muchos casos de robo.*

9. Ceceo y seseo

9.1. Ceceo

El ceceo consiste en pronunciar la *s* como una *c*. Es decir, en lugar de decir *casa* se dice *caza*; en lugar de decir *sol* se dice *zol*. Este fenómeno se considera vulgar y propio de las capas sociales menos cultas.

9.2. Seseo

El seseo se produce cuando se pronuncia la *c* como una *s*. Por ejemplo, en lugar de decir *cero* se dice *sero*; en lugar de decir *cima* se dice *sima*. Este fenómeno, a diferencia del ceceo, no se considera vulgar.

10. Yeísmo

El yeísmo se produce cuando no existe diferenciación entre la pronunciación de la *ll* y la *y*. Se pronuncian entonces ambas letras de la misma manera, es decir, como si fueran *y*. Por esta razón se conoce este fenómeno como yeísmo.

El yeísmo es muy frecuente y no se considera vulgar.

11. Días, meses, estaciones: ¿mayúscula o minúscula?

¿Los nombres de los días, los meses y las estaciones se escriben con la primera letra en mayúscula? Ésta es una pregunta frecuente, razón por la que en muchas ocasiones se encuentran los nombres de los días, los meses y las estaciones escritos con la letra inicial en mayúscula y en minúscula. Esto provoca aún más confusión.

Los días, los meses y las estaciones no se escriben con la primera letra en mayúscula, sino en minúscula.

enero	*febrero*	*verano*	*martes*	*viernes*
primavera	*domingo*	*febrero*	*invierno*	*sábado*

12. La tilde en los monosílabos

Antiguamente *vio, dio, fue, fui* sí se acentuaban gráficamente, es decir, llevaban tilde. En la actualidad no se acentúa ningún monosílabo (palabra con una sílaba) salvo en algunos casos.

Dichos casos son los siguientes:

CON TILDE	SIN TILDE
Tú: pronombre personal, razón por la que ha de ir solo, sin acompañar a palabra alguna en la oración. *Tú, ven aquí.* *Tú lo sabías y no lo dijiste.* *Si tú tienes la culpa, dilo.*	**Tu:** determinante posesivo. Como todo determinante ha de acompañar a un nombre. *Tu amiga no es muy buena persona.* *Tu casa está muy desordenada.* *Tu familia está muy unida.*
Mí: pronombre personal. *¿Es para mí?*	**Mi:** determinante posesivo. *Mi corazón está herido.*

¿Me llamas a mí?
No sé si esto es para mí.

Mi esposa no sabe lo que ha sucedido.
Mi enfermedad es muy grave.

Sí: pronombre personal.
Lo hace todo por sí misma.
Sí: adverbio de afirmación.
Sí, de acuerdo.

Si: conjunción.
Si apruebas, te hago un regalo.
Si lo llego a saber...
No sé si llegaré a tiempo.
Si eres listo, lo conseguirás.

Él: pronombre personal.
Él es mi padre.
¿Ha sido él?
Él lo sabía.

El: determinante artículo determinado.
El perro está ladrando.
El cliente está esperando.
El error es haberte creído.

Sé: 1ª persona del singular, presente de indicativo, verbo *saber.*
Lo sé todo.
Sé: 2ª persona del singular del imperativo, verbo *ser.*
Sé educada, por favor.

Se: pronombre personal.
Se lo he dicho.
Se lo he regalado a Pepe.
Se cortaron el pelo el uno al otro.
Se lava las manos constantemente.
Se han prestado los apuntes.
Se lo daré mañana.

Té: bebida, infusión.
Quiero un té con leche.
El té es una bebida excitante.
Los españoles no toman tanto té como los ingleses.

Te: pronombre personal.
Te lo he dicho mil veces.
Te lo daré a ti, será mejor.
Te lo cuento pero tendrás que guardar el secreto.

Ó: conjunción. Lleva tilde sólo cuando aparece entre dos cifras numéricas.
¿Quieres 5 ó 6?
Esto es así, por la posibilidad existente de producirse la siguiente confusión: 506
Sin la tilde puede suceder que se entienda esto: *506.*

O: conjunción disyuntiva, siempre sin acento salvo en el caso expuesto, es decir cuando se encuentre entre dos cifras numéricas. El resto nunca lleva tilde.
¿Estudias o trabajas?
¿Bebes o no bebes?
¿Saldrás o te quedarás en casa?
¿Eres Juan o eres Pedro?

Dé: verbo *dar*.
Deseo que lo dé todo.
Usted, dé ahora mismo al guardia su DNI.
Dé sus datos, por favor, a la secretaria.

De: preposición.
Iré de Madrid a Viena.
De aquí a la eternidad hay un paso.
No hay mucha distancia de tu casa a la mía.

Más: expresa cantidad.
Quiero más comida.
Dame más tiempo.
Cada día estás más guapa.

Mas: equivale a pero.
Quise hacerlo, mas no pude.
Fui a contra la verdad, mas ella me lo impidió.

13. Abreviaturas

Se incluyen aquí ciertas pautas acerca del correcto uso de las abreviaturas con el fin de solventar posibles dudas y acabar con ciertas incorrecciones.

a. Detrás de las abreviaturas se escribe punto.

Ejemplo: *ibid., etc.*

No siempre se escribe este punto, pues en ciertos casos tal punto no aparece. Es el caso de los puntos cardinales.

Ejemplos: *N (Norte) S (Sur) E (Este) O (Oeste).*

Los símbolos de los elementos químicos y de las unidades de medida también se escriben sin punto.

Ejemplo: *kg (kilogramo).*

b. El hecho de que una palabra se escriba abreviada no quiere decir que se prescinda de la tilde si tal palabra la lleva.

Ejemplo: *pág. (página).*

c. Cuando la abreviatura esté formada por más de una palabra se separarán con una barra: /

Ejemplo: *c/c (cuenta corriente).*

La barra a veces se usa en lugar del punto.

Ejemplo: *v/ (visto).*

d. Cuando una abreviatura está formada por una letra y quiere ponerse en plural se puede repetir la letra y se entenderá que se refiere al plural de la abreviatura.

Ejemplo: *pp. (páginas).*

e. Cuando la abreviatura está formada por más de una letra su plural se hará añadiendo *-s* o *-es* según corresponda.

Ejemplos: *Dres. (doctores), Sres. (señores)...*

Bibliografía

ALARCOS LLORACH, Emilio: Gramática de la lengua española. 6ª reimpresión. Madrid, 1995.
ALSINA, Ramón: Todos los verbos castellanos conjugados. 10ª edición. Barcelona, 1980.
BLANCO HERNÁNDEZ, Purificación: Verbos españoles. Málaga, 2002.
GILI GAYA, Samuel: Ortografía práctica española. 7º edición. Barcelona, 1976.
GILI GAYA, Samuel: Resumen práctico de gramática española. 10ª edición. Madrid, 1981.
GÓMEZ TORREGO, Leonardo: Gramática didáctica del español. 8ª edición. Madrid, 2002.
LÁZARO CARRETER, Fernando: El dardo en la palabra. 1ª edición. Barcelona, 1997.
MARTÍNEZ DE SOUSA, José: Diccionario de usos y dudas del español actual. 3ª edición. Barcelona, 2001.
MESANZA LÓPEZ, Jesús: Ortografía. Método individualizado y activo. Madrid, 1991.
ONIEVA, Antonio J.: Tratado de ortografía razonada. 5ª edición. Madrid, 1989.
REAL ACADEMIA ESPAÑOLA: Diccionario de lengua española. 22ª edición. Madrid, 2001.
SÁNCHEZ LOBATO, Jesús/ GARCÍA FERNÁNDEZ, Nieves: Gramática. 3ª edición. Madrid, 2001.
SECO, Manuel: Gramática esencial del español. Madrid, 2002.
SECO, Manuel: Diccionario de dudas y dificultades de la lengua española. 3ª edición. Madrid, 2001.
VILLAR, Celia: Guía de verbos españoles. Madrid, 2001.